U0861781

宏章家庭教育
Hondge Family Education
家庭教育新理念倡导者

3~6岁

儿童学习与发展父母大讲堂

美感与表现

宏章家庭教育研究所◎主编

★ MEIGANYUBIAOXIAN ★

首都师范大学出版社
CAPITAL NORMAL UNIVERSITY PRESS

图书在版编目（CIP）数据

美感与表现/宏章家庭教育研究所主编. ——北京：首都师范大学出版社，2012.1

（“3～6岁儿童学习与发展”父母大讲堂）

ISBN 978-7-5656-0672-4

Ⅰ.①美…　Ⅱ.①宏…　Ⅲ.①儿童教育：家庭教育

Ⅳ.①G78

中国版本图书馆CIP数据核字（2012）第011129号

“3～6岁儿童学习与发展”父母大讲堂

美感与表现

宏章家庭教育研究所　主编

策　划　李　锋　　责任编辑　靳丽霞　　责任设计　宏章·一品视觉

首都师范大学出版社出版发行

地　址　北京西三环北路105号

邮　编　100048

电　话　68418523（总编室）　68982468（发行部）

网　址　www.cnupn.com.cn

北京天正元印务有限公司

全国新华书店发行

版　次　2012年3月第1版

印　次　2012年3月第1次印刷

开　本　700mm×1000mm　1/16

印　张　11

字　数　129千字

定　价　29.80元

前言

Foreword

幼儿期是人生发展的关键时期，是一个蕴藏着极大发展潜力和可塑性的生命阶段，也是一个非常脆弱、容易被错误定向的时期。幼儿期的良好发展是幼儿后继学习与终生发展的坚实基础。

尊重幼儿身心发展的客观规律和学习特点，是家庭教育的正确指导方针。为了纠正和避免早期教育中存在的违背儿童身心发展客观规律与特点的超前学习、机械训练的误区，为了防止幼儿教育的小学化倾向，使每一个幼儿都受到科学优质的教育，获得快乐的童年生活和未来的可持续发展，我们为父母精心编写了“3～6岁儿童学习与发展”父母大讲堂系列图书。

这套书基于3～6岁儿童身心发展规律与学习特点和对我国幼儿学习与发展状况的调查研究，以一整套比较明确具体的标准、指标与支持性策略活动，来反映国家对3～6岁儿童学习与发展的方向与应达水平的合理期望，并体现国家对幼儿教育的方向与质量的基本要求。

美感是一种复杂的情感，它伴随着幼儿的认知、理解与想象能力的发展而逐步发展，并逐渐从其他的情感中分化出来。对于美的符号化、形式化具有感知力、表现力，是幼儿美感发展中具有里程碑意义的一步。

美学宗师宗白华先生说过：“世界是美的，生活是美的。它和真、和善是人类社会努力的目标。”父母在教育孩子的过程中，要纠正审美误区，帮助他们找寻美、感受美、创造美。

对儿童的审美教育，我们不但要考虑审美的特点，还要考虑儿童自身的特点。美育应该是顺其童心，投其所爱，只有这样才能有的放矢，收到良好的效果。在对儿童进行审美教育时，必须特别注意美育的趣味性、直观性和效应性三个特点。

美感教育寓于形象之中，在具体形象和故事情节中唤起儿童的联想，然后产生具体的形象。通过具体可感的形象进行美感教育，要比说教的效果更佳。

美感教育寓于情感之中，动之以情、以情感人，能深入人心，动人心弦，从情感上受到感染和教育。儿童的情感容易受外界事物的影响，运用艺术作品激励儿童的情感，从情感上进行美的教育，这种动情的教育远比说教深刻，也适合儿童的接受能力。

美感教育寓于娱乐之中，使人在轻松、舒适、愉快的感受中接受教育，使儿童在游戏娱乐的心情中自然地、自如地、毫不勉强地、高高兴兴地接受教育。这样的教育内容和方式使儿童易于接受，也乐于接受。

美感能陶冶儿童的心灵，但不是立竿见影的，而是需要经过一个循序渐进、不断熏陶和渗透的潜移默化的过程。儿童的思想感情天真淳朴，有时一首歌、一幅画就能激励他们的思想感情，并在情感、行动上有所反映。但这样的思想感情和行动往往不稳定，还需要反复进行美的熏陶和感染，通过不断强化才能逐渐提高儿童的自觉性，形成一种自然而然的行为表现。

孩子的世界是美好的，孩子是源于自然的精灵，愿所有的读者与家长和我们一起去探索一种更温和的、更贴近自然的育儿方式，让孩子真正地像孩子那样的长大。

CONTENTS

目录

第一部分 感受与欣赏检验标准

子们可以。他们用自己特有的想象,用他们独有的理解力,完全可以"诠释"大师画中的寓意。

第二部分 表现与创造检验标准

幼儿是天生的艺术家，他们稚嫩的创造萌芽需要父母以喜悦之心去发现、去接纳、去欣赏、去引导。3～4岁的幼儿，绘画进入涂鸦期，喜欢反复乱涂乱画，边画还边自言自语。

只有让孩子在操作中动手、动脑，多种感官参与活动，才能使他们的智慧和能力得到最大限度的发展。苏霍姆林斯基说："儿童的智慧在他的指尖上。"

孩子对周围事物的主动探索，都是自发的，他们之所以有这样的行为，和父母创设的环境、提供的心理空间的大小都是有关联的。

在艺术的创作中，我们不求千人一面，但要每个幼儿都能大胆自由地表达，一件或许你看不懂的艺术作品中，可能闪现的是幼儿创作的火花和心中的快乐。

每个幼儿都有自我表达和表现的需要，他们不仅用语言，也常用艺术的手段，用自己的声音和动作、绘画、手工来表现和表达自己的感受和体验。

幼儿从最开始的平面涂鸦到立体的装饰绘画，再到糅杂各种美术形式的立体造型，这个年龄段的孩子逐步进入到一个兴趣盎然、创意无限的艺术世界。

艺术有它的不随意性，也有它的随意性，只要有艺术的效果，就不必拘泥于它的工具、材料及形式。

3~6岁儿童学习与发展

父母大讲堂

——美感与表现

第一部分 感受与欣赏检验标准

美的事物围绕并渗透到我们生活的各个方面，已成为我们生活中不可或缺的一部分。一个人如果对美的存在熟视无睹，或者即使愿意去欣赏它们，但却没有相应的审美能力得到应有的享受，那么这个人的生活空间与精神空间都将是狭窄的。正如费尔巴哈所说："如果你对音乐没有欣赏力，没有情感，那么你听到最美的音乐，也只是像听到耳边吹过的风，或者脚下流过的水一样。"在审美活动中，只有具备了审美感受力和欣赏力的儿童才能真正投入到审美活动当中，并从审美活动中得到有益的审美教育。

感受力对人的一生是非常重要的，因为无论我们获得了什么样的生存条件，都需要我们有良好的感受力去承受。良好的感受力能使人意识到自己还是一个人，而不是一个工作机器或学习机器，但是有了感受力，就得关注这个感受力的品位是高或是低。这关系到一个人一辈子追求什么样的生活、做什么样的人，将他的家布置成什么样子，是将美好带给这个世界还是将丑陋带给这个世界。如果一个儿童有良好的审美观，他就会按照这一审美观去建构和发展自己，他会发现生活中那些不美的因素，去改变它或者避开它。如果他的生活不符合他的审美要求，他就会按照自己的审美观去创造理想的生活。

审美要从欣赏开始，美的欣赏能力比美的创造能力更重要。一个对美不会欣赏的人，很难想象他能创造出美的事物来。而一个人对美的欣赏与感受能力，即简称美感。

美感就是儿童对客观事物有着美的感受和体验，是培养儿童审美能力的基础。美感的培养不仅要通过对美好事物的感受和体验，更要通过儿童自身的创造和对美好事物的再现。艳丽的色彩、优美的线条、和谐的造型，完美的构图等，都能引起儿童愉快的体验、美好的感受，如他们面对艳丽的鲜花会发出赞叹："好看！"在这一心情激动的情境中，儿童也就出现了不自觉的萌芽状态的美感。虽然它是不明确和深刻的，但却具有一定的审美性质。

作为父母，应该满腔热情地带领孩子在美的世界中漫游，不断地给予美的教育，让他们能够发现美、欣赏美。

对儿童来说，美感教育仅限于初级的启蒙范围内，着眼于一些易引起感官愉快的形式，而不涉及深层次的内涵。也就是说，通过幼儿自身的器官、手、眼、耳和动作的配合，在探索中认识物体的形状、色彩、结构等，这种感知活动越充分，就越能激起儿童对美的追求。因而，培养儿童的感受能力就是培养儿童美感的基础，也是培养其想象力、创造力的基础。

美感是人的一种高级情感，但这并不意味着婴儿对美的事物没有反应。如果给婴儿播放有微风和海浪声音的录音，能使他们感到安宁和愉悦，这就表明婴儿能对美产生反应。只是婴儿对美的事物的感知是模糊的，在情绪上也只是表现为笼统的愉悦感。

3 岁后的儿童能够感受线条、形状、色彩等符号所表达的情感、意蕴。这个阶段的幼儿更加专注于艺术作品外在的、普遍的形式化特征，对作品中所表达的情感和意蕴产生移情式体验，这就使他们初步具备了作为一个欣赏者所需要的条件。他们用自己的眼睛对欣赏对象的形状、色彩、光线、空间、张力等要素组成的形象的整体把握，可以说是一种积极的心理活动。

3 ~6 岁儿童的探索精神、求知欲和漫无边际的想象，都处在一生中最旺盛的时期，而孩子这时对事物及现象的认识却是最直接的、具体的、综合的，最容易诱发他们认知欲望的是新、奇、趣、美的东西而不是知识本身。

3 ~6 岁儿童的感受与欣赏能力，是对自然美、生活美、艺术美的一种丰富生动的感受。他们对一切美好的事物都感到好奇和有趣：蔚蓝的天空、闪烁的群星、广阔的原野、潺潺的流水，它们虽然没有生命，然而却是美好的。这些事物对于儿童来说，也是有感情、有思想的。儿童不仅用欣赏的眼光来看他们，而且会和它们进行有趣的对话。

大自然是天然的感受与欣赏的课堂，而且大自然的美景不是静止不动、一成不变的。大自然的风云变幻、四季特征吸引着孩子去看、去听、去感受，激发孩子对自然的审美愉悦。儿童对自然美的感受十分有利于他们艺术心理的发展，儿童欣赏自然美，是一种真正的艺术意义上的欣赏，不带有任何功利的欲念，而且和自然界契合无间，浑然一体。

针对儿童这一时期的特点，父母应注重把儿童的情感目标放在首位，带孩子走出家门到大自然中去领略自然风光和造型优美的建筑，欣赏五彩缤纷的展览，阅读优秀的儿童作品，参加有特色的音乐会等，激发孩子对美的事物的情感，启发他们对事物现象美的认识。这样既能丰富孩子的精神生活，陶冶情操，也能起到发展孩子智力的作用。

◆ 1. 衡量关注和发现自然环境和生活中美的事物的标准

蒙台梭利教育法的创始人、意大利著名幼儿教育学家玛丽亚·蒙台梭利认为，自然赋予正在发育成长中的生命特有的力量。一个“人”或其他有知觉的生命个体在生命发展过程中，会对外在环境的某些刺激产生特别敏锐的感受力，以致影响其心智的动作或生理反应而出现特殊的好恶或感受，这种力量的强弱我们就称之为“敏感力”。

蒙台梭利所称的“敏感期”是指这样的一段时期：当敏感力产生时，孩子内心会有一股无法抑制的动力，驱使孩子对他所感兴趣的特定事物产生尝试或学习的热情，直到满足其需求或敏感力减弱，这股力量才会消逝。蒙台梭利认为孩子从6岁开始就处于感官敏感期。孩子从出生那天起，就会借助听觉、视觉、味觉、触觉等感官来熟悉环境，了解事物。

在言语形成之前，儿童主要依靠感知来认识世界。感知在3~6岁儿童的认知活动中仍占据优势。可以说，儿童是借助于形状、颜色、声音来认识世界，而不是依靠语言交往所获得的知识来认识的。

在日常生活和自然界中蕴涵着各种美的事物和现象，在家庭教育当中，父母要借助它们经常性地引导儿童去发现美，让儿童拥有一双善于发现美的眼睛，这是培养儿童具有良好审美情操和审美能力的前提。

一个人的审美观体现了他的感官触觉、空间感、色彩以及图形的概念。从另一方面来说，如果孩子懂得什么是美，就可以逐步地去学会感受美、欣赏美，并进而创造美。

著名教育家加里宁曾指出，“儿童的感受性是很强的，要多给儿童介绍周围的世界，特别是土地、森林、山脉、河流、海洋等这些大自然的形形色色，从而为孩子形成‘人类性格的最好的特质’奠定基础。”大自然是神奇的，它有孩子们探索不尽的奥秘，而大自然又是诱人的，它蕴涵着永恒的美，那潺潺的流水、鲜艳的花朵、婉转的鸟鸣，无不给孩子带来乐趣和遐想。另外，自然美主要是侧重于形式方面，总是在色彩、音响、材质和线条方面给孩子的眼和耳等感官以愉悦，并在不知不觉中培养了孩子的感性趣味。

生活中不是缺少美，而是缺少发现美的眼光。作为父母要做生活中的有心人，在生活的各个环节中去注意发现和挖掘，引导孩子从生活细微处去感受美的存在，扩大其审美视野，提高其认识美的能力。

在3~6岁年龄段，儿童的关注力和发现力越来越强，而根据年龄的不同，对“能关注和发现自然环境和生活中美的事物”这一标准内容的具体要求也有所不同。

4岁儿童标准

标准内容

- 喜欢观察动物、植物，喜欢有趣的玩具和生活用品；
- 容易被自然环境中有规则的声响吸引，如鸟鸣、雨声等；
- 对玩具、物品等的颜色和形状感兴趣。

3岁前后的儿童的审美能力表现为能初步识别优美的物体，如光滑且有花纹的卵石和贝壳、漂亮的童装和红色的皮鞋，并且有了较强的优美感的体验。这就是儿童优美感的审美态度的萌芽。这时，儿童虽然还不知道优美的含义，但他却能接纳有优美感的形态特征的物体。

3 岁左右是儿童审美心理的发生期，其标志是：有了接纳优美形态的审美态度，表现出对优美物体的偏爱，产生了最初的美感体验。总之，3 岁左右的儿童已经开始萌发审美心理。这时的儿童有了审美心理结构的雏形，即对优美形态的审美态度，对优美事物的偏爱和识别优美物体的审美敏感性及相应的美感体验。

3、4 岁的幼儿主要是从审美的角度来选择自己的服装，而不考虑童装的面料质量和经济价值，他们明显偏爱有饰物、色彩艳丽、款式新颖的童装。

4 岁的孩子大多注意审美对象的外形美，周围的物品不论颜色、光泽、形状等，都必须有美的感觉，他们对那些鲜艳、活泼、富有儿童情趣的事物容易产生关注心理。4 岁孩子喜欢美丽的色彩，喜欢有趣的特别是以小动物为主角的童话。他们故事中的小羊不能是呆板地站着，而是咩咩地叫着，小熊是“吧嗒、吧嗒”地走过来的，小花猫是“喵、喵”地叫着跑过来的……。因为这时期的孩子容易被自然环境中有规律的声响吸引，如鸟鸣、雨声、小狗叫等，并把这些声音带到他们的认知活动中。

3 ~4 岁的孩子在审美过程中，情感活动十分的强烈。他们看到花呀、草呀、小动物呀，会表现出强烈的好奇心，会高兴得又蹦又跳，甚至在草地上打滚。此时孩子常对周围环境中的微小事物发生浓厚的兴趣，比如对泥土里的小昆虫或衣服上的细小图案产生兴趣，对喜爱的玩具和生活用品会摆弄个不停。对于自己感兴趣的事情，儿童注意力集中的时间会长些，4 岁孩子甚至可以几十分钟地注意观察蚂蚁搬家、小鸡吃米等。

3 ~4 岁是儿童对色彩的敏感期。此阶段的孩子画画时，常会使用一个颜色、一支笔，有时候一幅画全部是铅笔画出来的，但在最后孩子会慎重地在这幅画中点一个点。这个点是带有色彩的，是儿童对色彩的特别重视。3 ~4 岁的孩子开始对色彩产生感觉和认识，并开始在生活中寻找不同的颜色。他们喜欢认识色彩，此时对色彩的认识更多地体现在生活中，包括选择玩具的颜色、选择衣服的颜色等。

这个时期的孩子往往有很好的直观形象记忆，并对色彩明亮、鲜艳的东西能产生强烈的情绪反应。父母常常能看到这样的现象，孩子用他们喜爱的色彩画线条、画圆圈，虽然没有创造出什么形象，但孩子们仍乐此不疲。这是因为孩子们对色彩产生了一种情绪表达的需要和欲望。

4岁左右的孩子已经能够正确地辨别各种基本色即红、黄、蓝、绿，但在辨别一些混合色（橙、紫等）的时候往往会犯错误。他们不能正确而稳定地把颜色的名称联系起来，也不能很好地区别各种颜色的色度（如蓝和天蓝、红和粉红）。

4岁左右的孩子主要以自己的偏爱和兴趣来选择色彩，他们能辨认的红、黄、蓝、绿等基本色也是他们最喜欢选用的颜色。但绘画缺乏目的性。他们从不考虑用色的结果，而只满足于在绘画过程中色彩给予他们的视觉上的兴奋和快感，我们把儿童的这一时期称为“花哨色彩”时期。

4岁孩子关注于物体的颜色后，就会出现有关物体形状的审美问题。当他们喜欢上一个物体后，就会连物体的形状也一起爱护起来。当他们发现一个完整的形状后，就会像发现新大陆一样感到愉悦和鼓舞。如果有人破坏了物体的形状，他们就会不依不饶地发脾气、哭闹，因为只有这样，儿童才能建构起自己内在的对于美的需求。

这时期的孩子对形状有着很强的感知能力，与不对称的形状相比，他们更喜欢对称的形状；与简单形状相比，他们更喜欢复杂的形状；与直线相比，他们更喜欢曲线；与静止的形状相比，他们更喜欢运动的形状；与轮廓少的图形相比，他们更喜欢看轮廓复杂的图形，如三角形与五角形相比，他们更喜欢后者……

4岁的孩子这时候正处于基本图形期，有些孩子还仍然会经常性地涂鸦，但是已能够画一些椭圆形等环状类的图形（或弧形、或弯曲的线条），而且能渐渐控制方向了。有的儿童图画中出现了正方形、长方形等一些基本的图形，而且能随意画出各种长度的线条，并能用这些线条组合画出菱形、梯形，尽管实际上他们并不懂得这些图形的含义。

4 岁孩子对美的兴趣、情绪总是毫不掩饰的，父母应让孩子充分表现其情感体验。例如晚上一回家，孩子就告诉妈妈："爷爷今天给我买了一个好美的大蝴蝶（风筝）！"这时妈妈应当与孩子一道描述风筝的美，表达自己对风筝的喜爱之情，让孩子的审美情感得到充分的宣泄。

同时，4 岁孩子的美感体验并不深刻，也不稳定。比如有的孩子正在玩积木，可是看到其他小朋友玩"过家家"很有意思，就会扔下积木去玩"过家家"了。有的孩子正在纸上画小房子，看到别的小朋友玩橡皮泥，他又觉得橡皮泥有趣，就跑去玩橡皮泥了。孩子越小，这种表现就会越突出。

典型案例

4 岁的小欧来这所幼儿园的第一天，进了沙池，抓起一把沙。沙从他的小手指缝中流出，落在手臂上，再从手臂上落下，这感觉让他惊喜万分。

小欧刚进幼儿园时，好动得不得了，但只要一进沙池，马上就变得安静下来，能在沙池里玩好几个小时。父母带着小欧来到湖边、海边、植物园玩耍时，也还是沙子抓他的心。而玩沙和玩水是连在一起的，他玩沙玩到一定程度，一定会玩水。

案例分析

儿童对可以变化的玩具兴趣大，而人的想象力有限，任何一种人为的玩具都无法与大自然的赐与相媲美，沙和水就是大自然赐与孩子的最好的礼物。

沙如水一般，既是固体的，又是流体的，它变化无常又易被掌握，它那无穷尽的形态和各种各样的玩法，从本质上满足了儿童创造和想象的本性。除了水之外，没有任何一种事物比得上沙的奇妙，也没有任何一种玩具能如此多方面地满足孩子的需要。最后，无一例外地，孩子总是将水和沙融为一体，在沙和水之间找到新的玩法。

父母常常会看到这样的景象：孩子们拿着各种小容器，一趟趟穿梭在沙堆和水盆之间，一次只盛一点点水、一点点沙，几个小时乐此不疲地来来回回。

3、4 岁的孩子处于新异性的探索阶段，此时孩子对新奇的事物特别感兴趣，喜爱冒险、喜爱远足、喜爱刺激，也喜爱任何新鲜的事物，包括新的游戏和新的玩具。这个年龄的孩子无论男孩女孩，大多是精力充沛、活蹦乱跳的，对什么事情都跃跃欲试。因此，色彩鲜艳、有声响、会动的物品等会引起他们的注意和喜爱，能激发他们的兴趣，使他们能主动地去认识环境，投入到活动中。

专家指导

3 ~6 岁儿童的审美能力随年龄发展而发展，4 岁为儿童审美能力的敏感期，也是对其终生审美态度、兴趣、能力培养的良好契机。所谓敏感期是指某种心理现象发展的质的飞跃期，在这期间，儿童对某种外界的刺激特别敏感，某种心理现象形成的发展特别迅速。

3～4 岁孩子审美能力的发展极为迅速，对这个时期的孩子来讲，他们接触到的任何对象都是有生命的。天上的太阳、月亮，地上的树木、小河或公园里的动物、秋千等，在他们眼里都是活灵活现的。在玩游戏时，可以给任何一样东西加上他们所谓的象征意义，一片树叶在“过家家”时可以当盘子，一片纸可以当钱买东西……

有人认为，自然美是客观存在的，只要有眼睛和耳朵，人人就都能感受和理解美了，其实不然。美学史上有一首题为《美盲》的诗，描写一位农妇置身于枫林夕照、画眉清音、美丽如画的境界中，她却视而不见，听而不闻，无动于衷。如果撇开诗中嘲讽劳动妇女的意思，人们对自然美的欣赏确实需要具备一定的审美能力和艺术修养。罗丹说得好：“美是到处都有的，对于我们的眼睛不是缺少美，而是缺少发现。”如果我们不想让孩子成为“美盲”，那么仅仅带他们到自然环境中去是很不够的，还要引导、培养他们热爱自然的情感体验和注重知识的陶冶。

父母可以有意识地培养孩子对自然美的欣赏能力。美感是一种心灵体验，大自然优美的环境让孩子心旷神怡，这对孩子的审美趣味会产生良好的熏陶作用。父母要多带孩子去公园以及郊外的风景点，和孩子一起观赏蓝天白云、湖光山色、彩霞鲜花、流泉瀑布、奇松怪石、珍禽异草……父母要让孩子自己说出什么东西是美好的，到底什么是美，美在哪里，从而强化孩子的这种审美体验。

在大自然这个五彩缤纷的世界里，孩子会发现很多的自然现象，如植物都有相似的绿色；春天来了，小燕子从南方飞回来了。他们还会找出成千上万个问题：太阳为什么夜里不出来？同样的玫瑰花，为什么有的是红色，有的是白色？为什么桃子、苹果、石榴的果实高高挂在枝上，而花生却深深地埋在地里？这样孩子在得到乐趣的同时，又唤起了他们旺盛的求知欲。

一位妈妈带孩子来到大自然，孩子第一次听到蟋蟀的叫声，好奇地问："妈妈，是谁在叫呢？""这是蟋蟀的叫声。""什么是蟋蟀？"妈妈逮住了一只蟋蟀，让孩子仔细看看。"黑黑的、小小的，就是蟋蟀？"妈妈又让他数一数有几只脚。妈妈问孩子："蟋蟀是从哪儿发出声音的？""嘴巴。"妈妈用手做出飞的动作，儿子马上说："翅膀。为什么是翅膀呢？""你看，蟋蟀叫的时候，翅膀会张开，叫声是摩擦翅膀产生的。因为蟋蟀的翅膀有一些裂痕，就好像梳子一样。"儿子觉得挺有意思的。妈妈告诉他，以前有人专门养蟋蟀，以斗蟋蟀为乐。儿子问蟋蟀喜欢吃什么，妈妈告诉他，蟋蟀喜欢水果、小黄瓜、花生，还有一些植物的嫩叶，有时候也喝一点露水。儿子问是不是可以带回家去养。妈妈说，大自然是蟋蟀最好的家，我们可以常来看看。

父母带孩子去大自然，会让他们感觉轻松愉快，并能让孩子更多地了解大自然、了解各种动植物等。父母先阅读一些动物、昆虫的知识，以便能够同孩子交流，还可以让孩子回家后再看看图书、录像，以丰富他们的知识，启迪他们的智慧。

在美丽的大自然中，通过父母的引导，孩子的思想、感情可以在自然界中得到启发和升华，心胸变得开阔，使孩子更加热爱大自然，热爱生活，充满乐观向上的情绪，孩子的情操也会得到陶冶。父母要帮助儿童发现自然美，要培养他们丰富的审美意识和情感。父母应针对4岁年龄的孩子，用他们所能理解的方式，引导孩子体察和欣赏大自然中的无限情趣，逐步增强其审美能力。父母有意识地和孩子一起倾听大自然中各种好听的声音，如鸟叫虫鸣、流水声、松涛声等，就能发现周围环境中的美。4岁孩子的好奇心很强，家长可以和孩子一起栽一棵小树，侍弄几盆花卉，养只小猫，觅只小兔，将孩子对大自然的向往和热爱引导到主动观察上来。

自然美除了山水美外，还包括生态美和园林美，这些意境，父母带孩子到公园散步就能领略到。比如父母可以带孩子上公园看树，让孩子观察树形、树的形状千姿百态，父母就可以引导孩子对其进行描述："像伞、像头发、像人在跳舞"，这是孩子在尽情领略了色彩、形状之美后发出的感叹。

俄国文学家车尔尼雪夫斯基说过："美是生活。"生活中充满了美好的事物，家长要帮助孩子去发现、欣赏生活中的一些东西。色彩鲜艳、外观对称、与环境相协调，给人一种赏心悦目和欢娱的感觉，这就是审美的体现，家长要让孩子体会到这些。家长还可以从日常生活习惯入手来要求孩子，如保持衣服的整洁，把书本、文具、服装、被子摆放整齐、美观，这样可以发展孩子的审美意识。

在生活中，对孩子进行美感的培养不能仅仅体现在某一特定的时间，而应把它融入到日常生活当中，让孩子时刻受到熏陶和感染，聚点滴而成大海。早晨，让孩子在欢乐的歌声中起床，以欢快的情绪用早餐；用动听标准的普通话与父母、同伴打招呼；尽情地做游戏，感受到放松和快乐的情绪。总之，在每天的生活中通过对孩子加强美感教育，要求父母要善于观察，抓住时机，能够用情感的甘泉来滋润他们的心田。

亲子游戏

游戏名称：玻璃球作画

游戏目的：培养孩子的想象力及对色彩的感知能力

游戏材料：圆形盒子（如月饼盒）、水彩、玻璃球、白纸

游戏玩法：把白纸铺满盒底，在纸上设置几团水彩（不同颜色，分开设置），将玻璃球放在纸上，双手捧住盒子晃动，任意晃动或有指向地晃动，玻璃球穿过就会沾上水彩，在纸上画出各种各样的线条，交叉穿行，就能勾画出丰富多彩的画面。

游戏名称：染纸作画

游戏目的：培养孩子的想象力及对色彩的感知能力

游戏材料：宣纸、水彩

游戏玩法：将水彩化成颜色水，将颜色水滴洒在宣纸上，可以分开滴，也可以重叠滴，颜色在宣纸上会蔓延开来，出现各种形态的造型；或将宣纸折一折，再在颜色水中蘸一蘸，打开就会出现意想不到的造型。变换宣纸的折法，会有不同的效果，让孩子去尽情地想象吧。

指导建议：有的孩子对色彩的感受不是很敏感，有的根本就分不清颜色，那就需要通过反复地让孩子做颜色游戏，让孩子慢慢体验审美的愉悦，从中认识更多的色彩。

游戏名称：易拉罐作画

游戏目的：培养孩子的想象力及对色彩的感知能力

游戏材料：易拉罐、水彩、白纸

游戏玩法：铺一张白纸，在白纸上设置几团水彩（不同颜色的，最好有红、黄、蓝三原色），再在上面覆盖一张白纸，然后把易拉罐放在覆盖的纸上，任意滚动易拉罐，整张纸都滚到了，然后揭开覆盖的纸，得到了两张五彩缤纷的作品。这种作画的最大特点是颜色的交融，出现了原色、间色、深色、浅色，勾画出了非常抽象的画面，从不同的角度欣赏就会看

到不同的画面，有不同的感受，给孩子留下想象的余地。

贴心提示

美育的10个原则

小时候受到什么样的刺激，将来就会成为什么样的人，因此孩子的美感是可以被培养的，科学家甚至主张从胎儿时期就应该开始给予美感刺激，不过教育的效果可以是正面的，也可能是负面的。如果家长一味求好心切，却不能提供孩子真正需要的东西，反而会揠苗助长，蒙蔽了孩子天生的美感，以下便提供十个原则，让家长们参考。

（1）随时随地追寻“美”；

（2）有计划地培养美感；

（3）尊重孩子的创作自由；

（4）用“引导”代替“示范”；

（5）给孩子失败的机会；

（6）给孩子轻松、悠闲的心情；

（7）五分钟战术；

（8）让孩子实际地接触、参与；

（9）从对话中引导孩子美感；

（10）给予单纯而自然的经验。

5岁儿童标准

标准内容

- 乐于感知自然环境和生活中的色彩、图案和有特点的声响；
- 能分辨出所听到的声响在轻重、节奏、音色上的不同；
- 喜欢观察和比较事物的颜色、线条和形态。

儿童在1~5岁期间，对颜色爱好的差异并不显著，实践证明，儿童在红、橙、黄、绿、蓝、紫、棕、黑、白、灰这10种颜色中，更多地偏爱红、黄、绿色，较少偏爱黑、灰、棕色。5岁儿童比4岁儿童更乐于感知自然环境和生活中的色彩。从5岁开始，在教育的影响下，孩子们能基本辨别混合色，颜色和它的名称能稳定地联系起来，细微地区别各种色调的明度和饱和度的能力也逐渐发展起来，但自觉地组织和支配色彩的能力还很差。

5岁的儿童最喜欢动物图案，其次是植物图案和人物图案。他们喜欢与自己的衣食住行、生活、学习密切相关的图案，尤其表现出对照片的喜爱。

这一阶段的孩子能逐渐不受颜色、大小和摆放位置的影响，正确辨认图形。在日常生活中，很多物体都是以非标准的几何图形存在，孩子在认识图形的基本特征后，能够正确地辨认这些非标准的几何图形的物体是什么形状。这一阶段的孩子能够理解平面图形之间的简单关系，能对一些实物进行分合拆拼的操作，知道一个正方形的纸张可以折叠成两个长方形、四个小正方形；一个长方形的饼干可以掰成两个小正方形的饼干，和小朋友一人一半等。另外，孩子会对用积木拼搭出各种图案表现出很高的积极性。

5岁的孩子对于所听到的声响更加关注，他们能分辨出声响在轻重、节奏和音色上的不同，他们对音乐和诗歌中的节奏感更加关注，能够感受音乐中的旋律美。孩子可以跟随音乐作律动或舞蹈，能够根据自己对音乐的理解自发地舞蹈，或者用图形等方式表现音乐的特点。此外，儿童在音乐方面所具有的节奏感、旋律感也会表现在他们绘画的色彩搭配与构图等方面。

幼儿期是幼儿观察力开始形成的时期，但幼儿往往不能自觉地去观察事物，而且在观察过程中还容易受到个人兴趣和情绪的干扰。他们喜欢观察和比较事物的颜色、线条和形态的不同。

典型案例

案例一

中午加餐时，老师为小朋友分吃威化饼干。3 岁的毛毛看着她盘子里的威化饼干突然大哭起来："我不要这个，我不要这个！"老师定神一看，原来那块威化饼干残缺了一角，赶忙给她换了一个完整的威化，毛毛这才平静下来。

案例二

4 岁以前，小鱼儿都属于比较好带的孩子，可突然有一天，妈妈发现小鱼儿对穿衣服非常在意。穿外套时，不小心把内衣的袖口卷到上边了，小鱼儿会很烦躁地嚷嚷"烦得很"；穿裤子时不小心把秋裤卷到上边，也会很烦躁地嚷嚷"烦得很"；穿袜子时，肯定也会遭遇"烦得很"；洗脸洗手时，稍有水滴弄到身上、弄到袜子上，也会大叫"衣服湿了，袜子湿了"；吃东西，喜欢要完整的。有一次铺床单，小鱼儿让妈妈一次一次地整理，直到特别平整为止；每天早上扎头发，必须要自己亲自挑选头花……

案例三

晴晴今年5岁了，晴晴最近对自我形象非常关注，迷恋上化妆品，像口红、唇彩、眼影等。孩子每天上学前自己要化一个唇彩，而且头天晚上自己要把衣服准备好，每天不厌其烦地搭配自己的服饰。

周末妈妈带晴晴出门到公园去玩，晴晴高兴极了，第一步是挑衣服，第二步是挑选发夹，梳好头发、带好发夹可以出门吗？不可以，还有第三步涂唇彩，第四步抹眼影，第五步抹腮红，第六步涂指甲油，等这些都做完了才出门到公园去照相。在公园摆出各种姿势，晴晴开心极了。为什么晴晴出门要化妆了？

在宝贝们中小小化妆师无处不在，一群小姑娘坐在楼梯上照着镜子认真地涂抹自己的小脸蛋，看起来还蛮专业的。在走廊上也有一群女孩子在化妆，教室里也有女孩子的爱美的身影。化妆品为什么对5岁的小女孩有那么大的诱惑力？

案例分析

小鱼儿、毛毛、晴晴都进入了审美的敏感期，这一阶段的孩子会变得非常挑剔、敏感。他们要求吃的、用的、玩的都必须是完整的，如果不符合要求就坚决拒绝。如果有人破坏了物体的形象或达不到他们对事物形象的要求，他们便会不依不饶地发脾气、哭闹。这并非无理取闹，因为只有这样孩子才能发现完整与残缺之间的区别，建构起自己内在的对于美的需求。

孩子从2、3岁开始进入审美敏感期，在审美敏感期刚刚到来的时候，儿童对食物有强烈的要求，他们会要最大的、最光亮的、最完整的东西。比如一块饼从中间切开，孩子会感到痛苦，因为她要完整的。从对食物完美的敏感期过去后，儿童开始关注玩具、用品的完美，如纸上有一个小点点都不要，儿童必须要求物体是完整的、完美的。

一开始孩子会比较关注外在事物的完整性，如吃的东西会选择大的、完整的，绘画用的美工纸拒绝使用残缺的，而坚持索要完整的纸张等。随后，孩子开始逐渐关注自身形象的完美，而后发展为对环境、内在气质、艺术品质等追求完美。女孩在此阶段的变化尤其明显，她们开始格外关注自己的穿着打扮，这份“臭美”的劲头有时让妈妈也哭笑不得。有些小女孩这时每天穿什么衣服、扎什么辫子、戴什么发卡、穿什么鞋都要求自己来选，有时还会在家中偷偷地试穿妈妈的高跟鞋。大部分小女孩都会认为裙子比裤子漂亮，甚至冬天也要求穿裙子去幼儿园。此外，钟情蝴蝶结和各种闪亮的发卡、偏爱某种颜色、尝试妈妈的化妆品，也都是她们在这一阶段可能的行为表现。

对外在形状要求完整是儿童审美敏感期的一个征兆，接着孩子会把注意力集中在自己身上，开始挑选自己的衣服，开始琢磨怎样让自己更完美。儿童开始对自己有极大的兴趣，比如在大冬天穿白纱裙，这是儿童对自身的一个要求。这个要求过后，儿童对自己会有更细致更高的要求。比如化妆，刚开始的时候，儿童把自己化得一塌糊涂，但到5岁、5岁半的时候孩子会化得很好，并且衣服搭配得也很好。儿童的审美已经达到了人文的状态，这个漫长的过程就是儿童的审美的发展。审美的敏感期是螺旋式发展的，一开始是关注外在的事物，接下来是关注自身。这个时候儿童是为了发展一种智能，而不是为了化妆本身，渐渐地孩子开始感知到环境的变化，她开始选择美好的环境生活，欣赏美好的艺术作品。

专家指导

当孩子表现出审美敏感期的行为特征时，很多家长不是没有发觉，而是觉而不察，往往会认为这是自己的孩子在淘气。他们会感到不耐烦，甚至还对孩子的“不当”行为加以批评和斥责，让刚刚进入审美敏感期的幼小心灵无法充分体会成长的美好以及对美好事物的追求，以至于有些孩子变得胆小、孤僻，不再有勇气探索未知的世界。

在这个时候，孩子需要的是我们家长的肯定，而不是我们站在成人的角度对“美”的任何评判。

这个期间父母不要担心，我们应该给孩子提供相应的化妆用品，为孩子提供相应的书籍图案，为孩子提供相应的实例。我们只要告诉孩子这个时候不适合化妆，出门的时候把它擦掉就可以了。这样就保证了儿童审美敏感期的顺利发展。

当孩子沉浸在化妆的游戏中，他们得到了莫大的快乐，我们成人也感受到许多愉悦。虽然我们看到孩子化妆后的脸蛋和我们成人的审美有很大差异，但这对孩子们来说是了不起的成长，这个对孩子是有着深远的意义的。他们在创造自己，当然，家长朋友和孩子一起做一些轻松有趣的亲子游戏，来潜移默化地对孩子进行审美的引导会更好。

亲子游戏

游戏名称：漂亮的手镯

游戏道具：小剪刀、彩纸

游戏玩法：让孩子在游戏中用安全的小剪刀，把纸剪成一个个小手镯，孩子在手镯上画各种图案，不仅可以锻炼孩子手眼的协调能力，更能让孩子感知色彩和图案。活动中父母带着孩子一起游戏，不仅发展了孩子的精细动作，而且对图案和颜色有了更深刻的认知和创造能力，对孩子右脑的开发有很大的帮助。

游戏名称：小小化妆师

游戏目的：培养孩子的审美眼光、培养观察力和记忆力、发展孩子的审美力

游戏道具：一条纱巾、一个塑料圈、一顶纸折帽子、一个小纸圈

游戏玩法：妈妈首先将准备好的几件物品一一展示给宝宝看，然后分别将纱巾围在宝宝脖子上，塑料圈戴在手腕上，纸帽戴在头上，小纸圈戴在手指上。

将四样东西一一取下，让孩子用这四样东西创造性地打扮自己。

贴心提示

孩子学习才艺的最佳年龄

孩子学习一些才艺特长，可以培养孩子的审美能力。父母应该根据孩子的生理发展特点，理智地为孩子选择学习才艺的时间。

1. 学小提琴的适龄期

小提琴是单手拿琴独立演奏，要想演奏出好音乐，对手及指头尚小、力量不够的3~4岁幼儿来说，还过于勉强。因此，建议儿童学小提琴的年龄以5~6岁为宜。

2. 学钢琴的适龄期

根据柴可夫斯基钢琴比赛的一项调查，60%~70%的钢琴大赛获奖者

的初次学琴年龄在6~8岁，而其中只有一人年龄最小，在3岁半，其中有一小部分在10岁左右。因此，大师们认为，在3~6岁对幼儿进行音乐启蒙是最佳的时机。

在3~5岁时，最好让孩子先听好的音乐，欣赏好的音乐，一般在4~5岁时开始接受钢琴等乐器的技术指导，这时学钢琴才比较适宜。当然，家长可根据自己孩子的情况，提早或推迟些。

3．学绘画的适龄期

孩子在1岁或1岁多就已学会涂鸦，2~3岁开始对形状、颜色产生兴趣，4~5岁对实际事物有了认识并能画出，5~6岁时，不只是能画出他们所看到的东西，而且还能画出他们所认识的东西，此时孩子的观察力、想象力甚至表现力都很活跃。因此，儿童从2岁半到3岁最适宜学绘画。

4．学舞蹈的适龄期

儿童学舞蹈的适龄期是4~5岁，此时孩子的身体很柔软，智能已发展，运动神经和感受性也开始运作。

5．学戏剧的适龄期

所谓戏剧，就是使用自己身体所有的器官、机能来表现，从发声、发音练习开始，到音乐、古典、芭蕾等要有广泛的训练才可以。这些训练可配合儿童的年龄及身心发展情形分别进行，所以从3岁到成年，只要有志于演戏，任何时候都可以说是“适龄期”。

6岁儿童标准

标准内容

- 善于发现周围环境中感觉美的事物，并展示给别人看；
- 能模仿所听到的自然界和生活环境中有特点的声响，产生相应的联想；
- 能比较出美的事物中颜色、线条和形态的不同。

6 岁的孩子善于发现周围环境中感觉美的事物，并展示给别人看。他们专注于大自然中各种物体的外形、色彩，并能说出某些自然画面为什么美的原因，如色彩鲜艳的花朵和翠绿的叶子能形成强烈的对比，给人以鲜明的感觉。

声音的世界充满了情感和故事。对于这个时期的孩子们来说，声音是他们生活中不可缺少的重要部分。马路上车来车往，各种声音交织，热闹繁华，而大自然中各种声音混杂，景象万千。这些对于这个年龄段的孩子们来说，既熟悉又具有诱惑力。他们乐此不疲地通过想象、模仿等多种艺术形式，探索声音中的“秘密”，感受声音中的艺术。这个时期的孩子能模仿所听到的自然界和生活环境中有特点的声响，产生相应的联想。

这个年龄段的孩子能感知色彩间的变化，比如春天到了孩子们能发现小草、小树都变绿了，并且能告诉大人有不同的绿色，有的是嫩嫩的绿，有的是很绿很绿，还有的绿有一点点黄；早晨的太阳是红颜色的，中午的时候又变成了白色。家长可在此阶段引导孩子认识颜色的深浅、明暗、强弱、调配的不同，比较同一色系颜色的不同，激发孩子对色彩的兴趣，了解颜色产生的奇妙变化，加深孩子的色彩体验，提高他们的审美理解能力。

6 岁的儿童表现出对事物的敏感性，能比较美的事物中颜色、线条和形状的不同。当他们发现日常生活、大自然或艺术作品中美的景色和现象后，会发出由衷的赞叹。

典型案例

在一个雪花飘落的晚上，6 岁的芊芊和妈妈一起看雪。当她看到了漫天飞舞的雪花时，惊喜地叫起来：“妈妈，我看到了雪花，像星星一样！”妈妈让她静静地看着雪花飘落，然后问她有什么感觉。“我感到自己像要飞起来了！”这个小女孩不仅感受到了雪花的轻盈和晶莹，同时也感到了大雪给人们带来的美感。

案例分析

我们的生活中不是缺少美，而是缺少发现美的眼睛。在孩子的心目中，任何发现都是美的，都是令人雀跃的。对孩子来说，发现美的经验能够得到父母的认同与共享，这就是最大的鼓励。

下雪对于我们大人来说，可能就是一种普通的自然现象，但是对于这一年龄段的孩子们来说，下雪却是非常新鲜而有意义的。当孩子早上醒来，看到窗外一片白茫茫的景象时，一定会心情激动得难以控制，他们根本不在乎天是不是很冷，也不在乎地面是不是很滑，只想在雪地里尽情地嬉戏、打雪仗、堆雪人。

专家指导

孩子有了发现，心中生出感动，这个时候父母如果能适当加以引导，无论是对知识的探索与深入，还是对文学、艺术想象力的发展，都是十分重要的。父母对6岁的孩子进行美感培养时，可以从以下六个方面着手：

（1）让儿童从多通道进行感知

儿童的审美感知具有多通道性，他们常常借助动作、语言、表情等来表达自己对审美对象的感受。儿童对自然美的感知除了可以通过视、听的方式以外，还可以通过触摸、闻等方式来感知。

（2）让儿童进行审美想象

审美想象渗透在审美感知中，能使审美感知的内容更加丰富深刻，从而加深儿童对美的情感体验。

（3）以情感打动人

让儿童的知觉选择与特定的人类情感模式联系起来，可以形成一种特定的感受，比如可以把秋天金黄的稻田风光与丰收、喜悦、收获的感受联系起来。

（4）用语言感染人

在审美感知的过程中，使用红彤彤的枫叶、金黄的银杏以及五彩缤纷、五颜六色、像蝴蝶一样飞舞的落叶等语言，可以加强孩子们对秋天的感受。

（5）综合多种艺术形式

以大自然为主题或素材，综合音乐、美术、文学、舞蹈等艺术形式，可以全方位地进行审美感知教育。

(6) 运用大量现代化的艺术手段

在审美感知教育中，我们可以运用大量现代化的艺术手段（电影、电视、录像、多媒体）向儿童们展示美丽的大自然以及自然界中生命特有的运动形式。父母在儿童欣赏和感知的过程中应加以引导，如欣赏三峡的风光时，可播放一段激越的船歌，在欣赏桂林山水时，可讲一段海龙王之女三公主凿山引泉的故事，让自然之美、生命之体验与诗歌、散文、神话、音乐、舞蹈在儿童的心灵中融化和沉淀。

亲子游戏

游戏名称：挂历欣赏

游戏准备：挂历若干

游戏简介：家长和孩子一起欣赏挂历，给每一张挂历加上一句简评。

游戏玩法：将风景旧挂历一张一张撕下，有序地贴在墙上，让孩子欣赏、点评。当看到一张冬天的雪景图，孩子情不自禁地说：冬天也很美，房子、树都穿上了白白的衣服。

指导建议：家长为孩子提供的挂历，最好是同一本、一个系列的：是风景的都是风景，是装饰的都是装饰……这样便于孩子欣赏，也易于点评。

游戏名称：点评菜肴

游戏准备：各式菜肴

游戏简介：在用餐前，让孩子看着一桌的菜肴，进行欣赏点评。

游戏玩法：桌上摆放着炒三丁、煎鱼、汤，让孩子点评。孩子看着炒三丁说，颜色多，很好看；对着煎鱼说，身体坏了，样子有些难看；对着绿色的汤说，要是放点胡萝卜，颜色就丰富了……

指导建议：家长可引导孩子点评得具体些。

贴心提示

支持孩子的收集欲

很多6岁的孩子都喜欢“捡破烂儿”，这说明他们对大自然中的事物充满了强烈的好奇心。在孩子的眼里，普通的一颗小石子就是一粒闪光的宝石，一片干枯的树叶也美丽无比地充满着神奇。如果父母简单地将这些看来毫无价值的东西扔掉，同时也会丢掉孩子的好奇心，那么何不因势利导，充分发挥这些“宝藏”的价值呢?

和孩子一起把捡来的石子洗刷干净，按照大小、颜色、形状分类，或是用画笔在石头上任意涂抹，画出孩子心目中最美丽的石头图案。找一张白纸，把孩子收集的树叶贴在纸上，做成简单的树叶标本，或者任意组合成不同的图案。在玩玩做做中，孩子会学到关于石头和树叶的很多知识，更为重要的是，其好奇心和求知欲会愈加旺盛并推动孩子的智力成长。

家长要注意引导和鼓励儿童收集自己觉得好看的树叶、花草、石头等自然物体，还有日常生活中接触到的小工艺品、图案好看的包装盒、漂亮而有益的广告页等。家长要和儿童讨论收集品的颜色、形状、图案等的特点，说说自己的感觉和喜好，引发他们说出自己的想法和看法。（提示：在交谈中鼓励儿童表达自己的想法和看法，不要总是纠正他们的说法。）

2. 衡量喜欢欣赏多种多样的艺术和作品标准

对于3~6岁刚刚开始探索世界的儿童来说，艺术有着独特的魅力。孩子们喜欢挥舞着画笔画画，喜欢扮演故事里面的人物角色，喜欢跟着音乐跳舞，喜欢看动画片。对孩子来说，艺术不仅有趣，而且有助于他们在审美方面的发展。

父母经常陪伴在孩子身边，他们是把孩子带入艺术世界的最佳人选。父母可以带孩子去观看表演，让他们在家或在车上听不同类型的音乐，给他们读不同时期的故事作品，这些都是让孩子接触艺术的最佳机会。

艺术可以为父母与孩子的亲子时光带来乐趣。父母可以在孩子睡觉前给孩子讲故事，在孩子表演他们在学校学到的东西时给孩子鼓掌，与孩子一起跳舞或玩角色扮演的游戏，让孩子们在艺术的享受中快乐地成长。

游戏是对学龄前儿童进行美育的主要方式。幼儿的审美活动是动态的，主要靠游戏性的唱歌、跳舞来得到审美的满足。艺术形象的鲜明多样和直观具体容易诱发儿童的审美乐趣，对发展儿童的审美力和创造力具有重要意义，其中绘画、歌唱、舞蹈、卡通电视等最易为孩子们所接受。

幼儿天生就喜欢艺术，如果幼儿不喜欢，问题则在于成人，在于成人不善于去引发幼儿的兴趣。父母要善于营造良好的艺术化环境。艺术化环境是教育的一种手段，进行美的教育更需要营造一个美的环境，教师要善于利用大自然、大社会中的材料来美化环境，让环境充满和谐的音乐、美的图画，幼儿生活在这样的环境中，身心就得到了艺术的熏陶。

父母要善于用自己的态度去感染幼儿，要激发幼儿对艺术的兴趣。首先父母自己应被艺术感动，只有父母自己先被作品感动了，幼儿才有可能通过父母被作品所感动。假如一位父母在给幼儿讲故事时，自己对这个故事并不感兴趣，你能想象幼儿会兴致勃勃地听故事吗？因此，著名教育家陈鹤琴提出，父母在讲故事时应该先把自己变成幼儿、变成故事中的人物，投入到故事情境中，并且注意自己的姿势、动作、语音、语调，去感染幼儿，这样才能激发幼儿对艺术的兴趣。

我们不是为了一定要把孩子都培养成专业的艺术人才，更重要的是能让孩子享受艺术的熏陶，这对他们的一生都有益。

4岁儿童标准

标准内容

- 喜欢听或看声音、色彩、形象等特点鲜明的艺术形式或作品；
- 在聆听和观看自己喜爱的艺术形式或作品时情绪高涨。

3 ~4 岁儿童对事物的认识仍依靠直接感知，他们凭借颜色、形状、声音等的具体形象、表面特征来认识事物。因此，这一年龄段的儿童喜欢声音、色彩、形象等特点鲜明的艺术形式或作品，这是因为这些艺术形式或作品以其亮丽的色彩、夸张的形象、富有韵律的动态刺激他们感官的结果。

儿童是用形象、声音、色彩和感觉进行思维的，法国哲学家卢梭说过："在达到理智的年龄以前，孩子不能接受观念，只能接受形象。"可见儿童思维对形象的依赖性。

3 ~4 岁儿童对卡通片特别感兴趣，在看的过程中情绪高涨甚至手舞足蹈。这一年龄段的孩子还特别喜欢看童话，因为想象力、情感、美感、智慧是童话最重要的品质，这些奇妙的小童话正是对孩子想象力的拓展、情感的滋养、美感的浸润和智慧的提升。除了喜欢看童话，3 ~4 岁的儿童还爱听故事、读儿歌，喜欢看画和美术工艺品。

3 ~4 岁儿童对一些美术作品表现出明显的偏爱。这一年龄段的儿童倾向于那些表面上最吸引人的美术作品：一种是具有明亮色彩的美术品；一种是表现儿童喜欢的事物的美术作品；一种是最像它所表现的事物的美术品。

典型案例

4 岁的乐乐是爸爸妈妈的独生子，因为缺少兄弟姐妹与玩伴，感觉很孤独，颇为无趣。爸爸妈妈白天忙于工作，晚上忙于家务活，为了让儿子拥有一个快乐的童年，他们为乐乐购买了一些卡通片，陪伴乐乐学习成长。乐乐非常喜欢观看卡通片，经常废寝忘食，甚至在激动时还会惊讶尖叫、手舞足蹈。

案例分析

卡通片之所以对学龄前儿童有着强大的吸引力，主要在于此年龄段的儿童凡事都处在摸索阶段，对任何东西都很好奇，特别是腔调、画面和声光效果，而这三大要素在卡通片里是特别充足的。

孩子之所以爱看卡通片，多半是被卡通人物的可爱娃娃音腔调所吸引，尤其是3~4岁的孩子，正处于学习语言阶段，所以对腔调特别敏锐，很快就会流露出喜爱的感受。

对年龄较小的这一年龄段孩子来说，思考逻辑的发展还不健全，而卡通人物的构图简单，比较容易让孩子感到可亲近和理解，他们自然而然就会喜欢看卡通片。

卡通片里夸张的脸部表情、肢体动作等，都充满了丰富的变化，容易引起孩子的注意。如果情节内容符合孩子的生活情境，则更能够吸引他融入到情境当中。

专家指导

根据孩子思维具体形象的特点，家长要充分注意审美对象的生动性、形象性和直观性，因为孩子作为受教育者，其审美体验的产生不只在施教者的说教，更于在他所选择和运用审美媒介的感染力。

生活中有许多自然现象和社会现象会使人产生美的感受，某些艺术形式就是将这些美的内容加以提炼、升华的结果。艺术形式具有形象、生动的特点，大都用声音、色彩或动作姿态来描绘，这正符合3～4岁儿童的心理特点。因此，艺术形式能够引起儿童的注意和兴趣，易使之受到艺术的感染和熏陶，如歌曲、乐曲、舞蹈、诗歌、美工、卡通片、文学作品等。这些使孩子易于接受，并能使孩子的多种感官参与审美活动。

以卡通片为例，由于孩子对卡通片拥有高度的专注力，因此看卡通片对他们所收到的教育效果会比其他工具好得多，诸如书本、录音带等，可说是相当适合用于提高孩子审美能力的工具。

卡通片是富于想象力的。卡通片的故事“纯属虚构”，在某种意义上已经替代了以前儿童必读的童话故事。卡通片为儿童展示了一种超乎现实的可能世界。想象力是创造的根源，而卡通片具有自由发挥想象、创造理想世界的本领。

卡通是根据人的想象设计制作而成的，因此它不受真实事物的限制，可任意塑造、删减、夸张、变形。所有这些，儿童既容易接受，又有兴趣接受。

儿童的思维在生命早期还是以自我为中心的，对于儿童来说，事物是什么样子的并不重要，重要的是它们对于自己的意义。因此，在儿童的愿望世界里，为了某种功能的获得可以不惜改变事物的真实结构。卡通正好迎合了儿童的这种需要，为了能飞行，人可以长上翅膀；为了获取胜利，英雄可以拥有神奇的武器；各种动物可以具有人的神态表情和意愿；如此等等。卡通片的视觉造型拥有很大的自由度，可以使孩子体验到一种强烈的形式变化感和自由感，从中获取无穷的乐趣。

卡通有着明显的情感倾向性，高兴与悲伤、爱与憎、轻松与紧张、宁静与激动等情感特质在卡通片中都有明显的表现。在儿童期，由于其理智发展尚不充分，儿童的情感体验往往比成人来得迅速、强烈，也更容易沉溺于其中。卡通片的情感色彩浓厚，能引导孩子体验别人的情感，同时加深自己的内在体验。

由于孩子很喜爱卡通片里的人物，所以多将自身投射到某一角色身上。比如很受女孩子欢迎的芭比娃娃，每个小姑娘都想变成她，既漂亮又有气质。因此，家长可能发现4岁左右的女孩开始注重打扮，其实这就是很好的教养契机。父母想要孩子提高审美能力，都可利用幼儿喜欢模仿的习惯来达到目的，比如对孩子说："要爱干净，才能像芭比一样讨人喜欢哪!"

卡通片是孩子生活中不可或缺的，家长不能剥夺孩子看卡通片的权利，这是当代儿童的一种生活方式。父母要筛选动画片，给孩子提供健康、积极的一类。家长要关心卡通片的图像、声音、人物等传递的美学价值，关心它对孩子快乐童年的意义。

3~4 岁是感觉发育的快速期，这时孩子柔嫩的器官对有害的视、听觉刺激敏感性比较高，所以应尽量避免孩子长时间或近距离地看电视，同时电视的音量也不要过高。

除此之外，父母要经常用收音机、录音机、电视等为儿童选择和播放适合他们欣赏的艺术作品，在生活环境中展示一些适合儿童观看的视觉艺术作品。可以利用身边的材料装点环境，如用好看的花布做窗帘、桌布，用废旧的画报做门帘，用自然物或废旧材料制作成装饰品等。

父母创设出与审美教育相适应的良好环境，让孩子们置身于美好的环境当中，让他们走到哪儿都有玩的、有学的，并从中得到美的享受。

亲子游戏

游戏名称：环境布置

游戏材料：小型装饰物若干

游戏简介：家长把“这些”小型装饰物放在桌子上，让孩子说一说分别放在哪里或挂在什么地方。

游戏玩法：给孩子一个小熊玩具和一口动物钟，让他规划怎么摆放。例如把小熊玩具放在电脑旁，让它陪爸爸妈妈一起玩电脑；将一口动物钟挂在床的正对面，不仅好看，而且看时间也方便。

指导建议：根据孩子说的，家长可以协助将这些物品放置在指定的地方。

游戏名称：大手牵小手

游戏目的：通过跟孩子一起创作，通过色彩和线条增强孩子的视觉感受。

游戏道具：水彩笔、颜料、白纸

游戏玩法：父母先在自己的手掌上涂上水彩，然后盖印在白纸上面，让孩子自己涂，或是由父母协助孩子在手掌上涂上自己喜欢的色彩。在涂水彩的过程中，孩子会对水彩冰凉以及毛刷刷过的感觉感到好奇。请孩子张开小手，将手盖印在父母的手印旁边，就成为一幅好看的作品了。

指导建议：除了色彩的选择外，父母还可以跟孩子讨论，除了手掌以外，还可以用哪些东西来盖印，增加作品的创作变化，也培养孩子对艺术创作的兴趣。

贴心提示

适合3～4岁孩子看的卡通片

3～4岁的孩子对于卡通人物的模仿能力极强，所以必须慎选卡通片，否则当孩子跟着其中的卡通人物学到看似好玩、实则难堪的话语时，如蜡笔小新常说的口头禅“你笨死了”，父母就会发觉要改变孩子的这些用语习惯相当困难。

通常适合3～4岁的孩子观看的动画片有以下几种类型，家长可根据孩子的特点来选择：

1. 表现美好的音乐、节奏和色彩，启发艺术感受和想象力

代表作品：《小小爱因斯坦》《泡泡宝宝》

作品介绍：以《泡泡宝宝》为例，这是一部没有任何情节的连续剧，被卡通化了的主角是一群五颜六色的可爱的泡泡般的“宝宝”。他们跟着仿佛来自外空的音乐飞翔舞蹈，他们的形状很简单，只有圆锥形的身体和头上的两只大眼睛，刚好足以抓住这一年龄段孩子的注意力。

2. 表现颜色、形状、数目、字幕、生词

代表作品：《芝麻街》《Blue's Clues》

作品介绍：《Blue Clue》是世界上第一个引进互动概念的幼儿电视节目，Dora则是目前世界上最成功的幼儿电视动画片。美国纽约时报于2006年9月5日报道：科学研究证明在3～4岁的幼儿中观看过Blue's Clue的比

那些没有观看过 Blue's Clues 的智商要高出很多！Blue's Clue 节目中正是大量地运用了互动的因素，并真正地把幼儿作为节目中的一分子对待，所以幼儿在接受节目传输的各类知识时的效率大大提高，其效果接近于纯粹的人际传播。

《Blue's Clues》在 1996 年作为一部新的学龄前儿童电视教育节目一经推出，在短短一年半内就让美国上千万学龄前儿童家长都成了它的观众，在收视率上居然打败了《芝麻街》。

《Blue's Clues》每集 30 分钟，有两个主持人 Steve 和他的弟弟 Joe，主角是一只动画狗。每集的格式都是一样的：主持人 Steve 向小观众介绍一个和小狗 Blue 有关的谜（Puzzle）。为了帮助孩子们解开这个谜，Blue 留下了一连串的线索（clues），这些线索上都有 Blue 的脚印。就这样，Steve 和 Blue 将孩子们带上一条探索之路，直到每集最后回到 Blue 的房间里，Steve 坐在那张会思考的椅子（thinking chair）上想出答案。

3. 表现人与人之间的美好情感和交往

代表作品：《天线宝宝》《托马士火车》

作品介绍：《天线宝宝》是英国广播公司（BBC）与 Rag Doll 公司制作的幼儿节目，发行于 1997 年到 2001 年，主要观众对象是 1 ~ 4 岁的儿童。《天线宝宝》呈现了孩子在游戏中学习、发展的有趣经验，它有两个元素：一个是“幻想园地”，一个是“真实纪录”。“幻想园地”是指《天线宝宝》的主要场景“神奇岛”，岛上有许多幻想奇观，让孩子发挥创造力、想象力；“真实记录”是指四个天线宝宝在神奇岛上玩乐，彼此之间有良好的关系，没有暴力，虽然很多事情他们都不懂，但是很喜欢学习。

4. 传递积极正面的行为习惯

代表作品：《巧虎》《哆啦 A 梦》

作品介绍：《巧虎》中包含了教导小孩如何学习的生活细节，家长可借机将卡通片中的内容转化到日常生活当中，教导幼儿建立良好的行为习惯。

5岁儿童标准

标准内容

- 能够集中注意地倾听和观看喜欢的艺术作品，并有自己的想象和理解；
- 在欣赏喜爱的艺术形式和作品时，有模仿和参与的愿望。

这一年龄段的儿童能集中注意倾听或观看自己喜欢的艺术作品，愿意与同伴学习、欣赏作品。5 岁儿童正处于审美过程的最初阶段，这一年龄段的儿童对美的形象接触引起了其感情的初步关注，并获得了初步的印象。在欣赏一首乐曲、一幅画时，能对乐曲的旋律、图画的色彩和构图有初步的情绪感受，并有自己的想象和理解。5 岁的儿童能对抽象的艺术作品做出强烈的反应，对线条、形状和色彩的感受水平以及围绕作品的意象和情感所展开的想象力，是绝大多数成人所不及的。

5 岁的儿童喜欢听故事和讲故事，喜欢聆听和朗读节奏鲜明、有韵律的歌谣，喜欢看变化多样和色彩鲜明的动画片、木偶剧与儿童剧，喜欢在游戏中再现和表演他们感兴趣的人物表情、动作和活动场面，表演时又在不断地求新与创造。孩子喜欢从平时的观察中进行模仿，由于孩子的这种模仿心理，不仅丰富了孩子的幻想，而且让他们的世界变得神奇。

典型案例

下面是几个 5 岁幼儿看毕加索的《和平》时所说的：

囡囡：啊！我感觉我来到了一个童话世界。

欣欣：我感觉这个地方非常可怕。

飞飞：这幅画太乱了，像在打仗。

正正：我感觉这些人很穷，在跟人家要钱。

案例分析

囡囡、欣欣、飞飞、正正凭着强烈的直觉，说出了自己的感受，也就是说，这一年龄段的孩子对艺术作品的内在含义是通过直觉来把握的。从表面上看，关于美感幼儿是一种突然涌现出来的感受，但实际上在美感产生的过程中，幼儿涌现出来的是内心世界中的一种特定的审美倾向性。这种审美倾向性是与儿童特有的生活经验和事物的外部形式（线条、颜色、节奏、平衡、变化、统一等）形成的整体印象有关的，也就是说，幼儿的美感具有了形式化的特征。

专家指导

儿童在审美活动中，心灵可以自由地飞翔。家庭要创设美的情境，鼓励幼儿参与审美、创造美的活动，这对于丰富幼儿的心灵世界具有重要意义。同时，成人也需要保护孩子天性中本能的美感体验，防止幼儿天然的创造性遭到损伤。

儿童的心灵不是一张白纸，也不是一个空空的容器，因此儿童家庭艺术教育不是父母单方面从外部进行的灌输。儿童的心灵是一颗有着饱满生命力的种子，面对这样一颗种子，就必须考虑到种子发芽、开花、结果所需要的土壤、阳光、雨露和肥料，因此家庭艺术教育是以儿童的心灵发展为本位的，是对其内部生长力的激活。

家长要向儿童提供优秀的艺术作品供幼儿欣赏，以提高幼儿的审美感受能力和审美趣味。要有意识地提供或选择适合儿童的多种形式和风格的美术作品、音乐、动画片、电视节目等和儿童一起欣赏。每天让孩子听一些符合儿童特点的世界名曲、孩子喜爱的歌曲，让孩子每天接触一些艺术作品。

家长在选择作品时要尽可能贴近孩子的生活，如吴作人的《小金鱼》、徐悲鸿的《奔马图》、无锡泥人阿福等，使孩子能够理解作品的意义，对欣赏产生浓厚的兴趣。

家长除了向儿童提供优秀的艺术作品外，在外出时还可以和儿童一起欣赏街边、社区、公园、商场、饭馆内或别人家中的艺术活动和作品。带幼儿参加各种节日庆祝活动和民俗文化活动，如庙会、花会等，培养儿童对传统艺术文化的情感。有条件的情况下，就可以带儿童上剧院、音乐厅、美术馆欣赏文艺表演或美术作品，拓展他们接触艺术活动和作品的范围。

同时，家长要适当教给儿童一定的欣赏艺术语言与形式美的原理，帮助幼儿加深对作品的情感体验。就可以带孩子参观博物馆、艺术展览，并给孩子足够的欣赏时间，让他们反复多次地感知、体验。而在这当中，若父母能掌握一些艺术欣赏技巧，具备一定的欣赏水平，及时与孩子交流各自的体会和感受，就能进一步增强幼儿对艺术作品的理解和感受。

家长还要十分注意审美对象可能对孩子产生的消极影响。孩子知识有限，辨别是非能力差，而又喜欢模仿。在生活中，我们经常见到有的孩子看了电视、听了故事后，最喜欢模仿的常常是里面角色的语言和动作。家长除了要正确引导，培养孩子的审美情趣，提高他们辨别美与丑、是与非的能力外，还要在孩子欣赏艺术作品时，尽量冲淡反面角色的影响。在日常生活中，也要注意对孩子进行审美教育，不要把孩子打扮得怪模怪样，如染指甲、烫头发等，这些都不利于孩子的身心发展，会使孩子养成不健康的审美情趣。

亲子游戏

游戏名称：拼图游戏

游戏准备：父母将美术作品的复制品剪开，背面衬以底纸，制成各种形状的卡片。

游戏目的：拼图游戏有助于儿童体验“整体——部分——整体”的完整欣赏心理过程。

游戏玩法：父母引导幼儿根据卡片上的色彩、线条和造型拼成一幅完整的画。

指导建议：刚开始可以选择欣赏过的作品来拼，以后可以选择一些没有欣赏过的同类作品，鼓励幼儿根据已往的经验大胆尝试。就拼图的数量来说，刚开始可以一次只拼一幅图，在已经拼过多种风格的作品后，也可以一次将两张甚至两张以上不同风格的作品混在一起。

游戏名称：好奇怪的故事

游戏目的：培养孩子的倾听能力、对故事的理解能力

游戏材料：孩子喜欢、熟悉的图画书

游戏玩法：像往常一样读书给他听，读了一会儿后，开始改编故事，比如《小红帽》里小红帽遇见的不是大灰狼，而是一只大老虎，停一下，再看看孩子的反应。孩子如果说“不对”的话，就让他来说说不对在哪里，大老虎和大灰狼的区别在哪里等，接着再来另一个变化。

指导建议：如果孩子在故事发生变化时情绪烦躁的话，那就改天再玩。

贴心提示

童话的美育功能

童话有着浓厚瑰丽的幻想画面、变幻迷离的象征形象和凝重潜在的象征意蕴。童话所具有的魔法性、哲理性和哺育性使它在儿童阅读欣赏中发挥出巨大的美育功能。

童话在5岁幼儿的生活中占有重要地位。爱听、爱看童话可以说是这一年龄段幼儿的天性，充满神奇色彩和变幻莫测的童话故事深深吸引着他们。童话能培养美感，陶冶情操，苏霍姆林斯基指出：“童话是与美分不开的，并有助于美感的培育，没有美感，就不能想象有高尚的心灵和对他人的不幸、悲伤和痛苦的真诚的同情心。”

在给幼儿欣赏童话故事《白雪公主》时，优美的内容使他们身临其境。他们喜欢白雪公主和七个小矮人，而非常地憎恨王后。为什么王后的美貌得不到大家的喜爱呢？因为王后是凶恶、狠毒的。要使幼儿明白，美

是和真与善连在一起的，外表漂亮而内心丑恶的东西是人们所讨厌的，它们必将遭到覆灭的下场。而故事中的七个小矮人，虽其貌不扬，但心地善良，一直是人们所喜爱的人物。可见，利用童话故事对幼儿进行审美教育是一个十分有效的办法，往往可以收到事半功倍的效果。

6岁儿童标准

标准内容

- 富有想象力地欣赏艺术作品，会用语言、动作表达对艺术作品的感受；
- 愿意和别人交流和评论自己看到的或喜爱的艺术形式或作品，并有自己的想法。

幼儿期是最富有想象力的阶段，他们的想法大胆、浪漫、无拘无束。6岁的儿童正处在审美期的感动阶段，他们容易被美的形象深深打动，能引起其情感上的共鸣、思想上的同感，但这时的审美情绪还仅限于局部或细节，达不到理智的思考与判断。他们对所欣赏的艺术作品由情绪体验、情感共鸣，达到唤起相应的联想。

随着年龄的增长和经验的丰富，在审美活动中，6岁的孩子常常表现出急于对各种事物做出审美评价的强烈愿望。比如孩子在看电视、听故事时，总是急于分辨谁是好人、谁是坏蛋，这个故事是好听还是不好听，充分显示出审美情感的两极性（爱与憎、乐与悲、好与坏）特点。法国社会学家古尔维奇曾说："儿童的评价、见解往往是很原始的，并且大致在他们的概念范围内转来转去，好与坏、对与错、喜欢与不喜欢。虽然如此，但无论在任何情况下，都不能轻视这个美学见解的萌芽。"

这一时期的幼儿除了用语言来叙述对艺术作品的感受外，幼儿还会用动作、表情等来表达。他们喜欢和人交流，乐于向别人表达自己内心对艺术作品的感受。

6 岁儿童的世界自由、纯洁、简单、充满想象，他们会就某些问题展开积极的思考，大胆表达自己的想法。他们常用的句式有：“我认为……”“我觉得……”“我有一种感觉……”“我不同意某某的观点……”等，这些都表现出孩子们积极的情感态度。

典型案例

下面是一个 6 岁的幼儿琳琳和妈妈的对话片段实录。

妈妈：蓝印花布可以做什么？

琳琳：可以做新衣服。

琳琳：好去举行婚礼。

妈妈：这样漂亮、快乐、欢喜。

琳琳：我想做成蹦蹦床在上面跳。

琳琳：我真想把它做成一艘美丽的船，坐着它去航海。

妈妈：你好好想一想，布能做成船吗？布是不可以做成船的，会沉掉的。

案例分析

在这一段对话中，妈妈的回答至少存在两个方面的问题：第一，在面对琳琳“可以做新衣服”“好去举行婚礼”的回答时，妈妈不是进一步引导孩子产生情感体验，而是用自己的体验代替孩子的体验：“这样漂亮、快乐、欢喜。”这样做无疑是将妈妈自己的感受强加给孩子，剥夺了孩子作为主体主动体验的机会。第二，当孩子说到“我真想把它做成一艘美丽的船去航海”时，妈妈却说：“你好好想一想，布能做成船吗？布是不可以做成船的，会沉掉的。”妈妈错把审美活动当做一种科学的认知活动，用科学知识正确与错误的判断标准来衡量艺术审美活动中的想象。

艺术是幼儿表达自己的认识与情感的重要方式，要让幼儿大胆地表达自己的情感、理解和想象，从而使幼儿体验到以自己独特的、个性化的方式感受美、表现美和创作美的自由与快乐。

专家指导

审美并不是刻板的东西，而是一种情感体验，一种对生活的体验。而艺术灵感都是因为有话要说，至于有没有话说、要说什么话，都是跟自己的生活体验密切相关的。

在评价艺术作品时，我们要充分体现孩子的主体地位，引导、鼓励孩子大胆地说出自己对绘画作品的看法和意见，及时予以肯定，从而使每个孩子都肯说、愿说、敢说。

对艺术作品的欣赏需要通过对话的方式进行，它包括父母与儿童、儿童与儿童之间的对话以及欣赏者与作品之间的对话等几个方面。无论是哪种对话，都要借助语言这一中介来实现。对于儿童来说，这几种对话是互相交织的。一方面，作品通过色彩、线条、形状、构图以及所描绘的事物或情节等因素向儿童发出信息，儿童则靠敏锐的直觉和审美经验，不断地获取这些信息，并做出情感上的回应。另一方面，儿童通过与父母、同伴的对话、讨论乃至争论，表达自己的理解和感受，同时也倾听别人的感受。在整个对话过程中，儿童不断丰富着自己的内心感受，并希望将其表述出来。

通过这种发自内心的、言之有物的表达，儿童的语言能力得到了快速发展。这种发展不仅表现在表述的流畅、长句子的经常出现、各种词语特别是与情绪情感有关的词语的大量运用上，还表现在儿童乐于表达，并能自然地将这种能力迁移到其他学科活动和日常交往方面。

在儿童艺术作品欣赏教育过程中，我们提醒父母要注意以下几点。

儿童在欣赏艺术作品时，和父母之间的关系应该是平等的，父母不能强求儿童接受某一权威的结论或自己对艺术作品的看法，而应该让儿童有自己的探索。在欣赏过程中，运用最多的就是谈话法，父母和儿童之间的对话能够产生并能一直延续下去，这是儿童乐于对话、主动观察探索的前提。父母在引导儿童欣赏美术作品时，不应以自己的权威压制儿童，而要承认在艺术作品面前，双方之间都有说话的权利。通过对话，儿童能根据自己对作品所传达的信息的体验和理解，充分发挥其想象和创造力，发表自己的见解。

父母首先要会和艺术作品进行对话，做好儿童与艺术作品之间的“审美期待”中介。父母自身应对艺术作品所蕴涵的意义进行合理的解释，对艺术的形式有一定的理解与欣赏。例如父母必须理解线条、形状、色彩、构图等形式语言可能具有的象征意义，理解对称与均衡、节奏与韵律、变化与统一等形式美的原理。在此基础上，引导儿童先理解艺术作品各部分的意义，再根据各部分进行整体意义的解释，从而形成一个或多个合理的解释。这种对整体的理解又反过来加强了儿童对作品各个部分的理解。

父母要为儿童提供大量的欣赏机会，提高其欣赏视界。这种欣赏除了艺术作品的欣赏外，也可以是自然景物、周围环境的欣赏。

父母应给儿童利用多通道进行充分体验的时间。父母应首先给儿童一定的时间进行独立的欣赏，要尽可能让他们用自己的以视觉器官为主的多种感官进行感知，不要操之过急或讲得太多，要让儿童畅所欲言，尽量不打断其陈述，充分发挥他们的观察力、艺术想象力和表达能力。只有当儿童需要帮助时，父母才可以用启发和提问题的形式给予他们以线索启迪，引导他们进行观察、体验和想象。通过这样的感受，儿童就可以对作品所蕴涵的意义有所理解。

父母不但要自己学会提问题，还要教会儿童提问题。父母在用问题引导儿童进行形式思考以后，还要帮助儿童进行总结，以帮助他们理清思路，进一步加深体验，同时这也是教会他们如何观察、如何比较等的形式分析的方法。在这一过程中，父母的语言都应该是通俗易懂、简明扼要的，要让儿童能够理解。另外，父母还可以适当地介绍创作者的生平、作品创作的时代背景以及创作者个人的创作动机（在当时的情况下，艺术家为什么要创作这幅作品），这样既丰富了学前儿童的艺术知识，又帮助他们更深入理解了艺术作品所蕴涵的意义。当然，这些知识应该是6岁儿童能够理解的，并要以儿童能够接受的方式介绍给他们。

父母可引导儿童用多种方式来表达自己的审美感受。在6岁儿童的艺术欣赏过程中，父母应引导他们运用边体验、边讨论的方式来进行欣赏，让儿童通过自己充分的、感性的体验后，再将这种感受表达出来，虽然这种感受带有直觉的成分，还不是真正意义上的理性分析。而这种感受的表达方式可以是多样性的，如语言的、表情的、身体动作的等。例如对梵高的《向日葵》中成熟的向日葵和未成熟的向日葵的感受的表达，父母可以让儿童用“沉甸甸”“轻快”之类的形容词来描述，也可以让儿童用自己的身体动作等来表达。当然，还可以让儿童用轻重对比的色彩描绘来表达。

父母要尊重儿童的兴趣、欣赏习惯和独特感受，不要求统一，如在欣赏艺术形式和作品时，鼓励儿童谈谈自己的感觉和喜好，并鼓励稍大些的儿童对艺术形式或作品做出自己的评价；对儿童在欣赏艺术形式和作品时的手舞足蹈、急于表达和立即模仿等行为给予理解，在不影响他人的前提下应予以鼓励；在儿童主动介绍表达自己看到的或喜爱的艺术形式或作品时耐心倾听并给予鼓励，对不愿用语言表达的儿童也不强求。

亲子游戏

游戏名称：疯狂配音员

游戏目的：模仿日常生活中可以听到的音响节奏，培养孩子的注意力、想象力和创造力。

游戏材料：空纸箱

游戏玩法：以孩子的生活经验为基础，爸爸妈妈和孩子一起杜撰一个故事。

在说故事的时候，爸妈可以用空纸箱制造出一些适当的音响效果，例如用手摩擦纸箱，发出脚步声等。一开始先用简单的节奏音响，例如用指甲敲两下停一下，或用手掌重拍等，接下来可以将多种不同的节奏声音组合起来。可以请孩子学习爸妈的方式，试着来进行配音的工作。在改编故事时，要让孩子注意听，并让孩子主动根据故事情节的改变，创作出属于自己的音响效果。

指导建议：这个活动的目的是要引起孩子注意声音并模仿，所以故事不要太长，也不要有太复杂的变化，以免分散孩子的注意力；这是一个激发想象力的活动，因此模仿敲出的声音不一定要逼真，只要有不同的变化即可；用纸箱制造声音的效果虽然不如用各式各样的东西配合来得丰富，但可避免样式太多而使小朋友兴奋过度，结果只顾着敲东敲西，难以静下心来听故事及配音；可以让小朋友发现单一的纸箱就能制造出多种的音响效果。

游戏名称：美术欣赏《向日葵》

游戏目标：引导幼儿欣赏梵高的作品《向日葵》中鲜明亮丽的色彩和极富特色的线条，感受画面传达出来的强烈、炙热的感情；鼓励幼儿大胆欣赏与评价，发展幼儿对艺术作品的解释和评判能力；增加幼儿对色调的认识和理解，培养孩子运用色调进行表现的兴趣和能力。

游戏准备：实地参观向日葵园地、多幅梵高的画、收集来的向日葵的照片或者图片

游戏过程：父母要引导幼儿欣赏、讨论和比较自己拍的向日葵照片或者图片和梵高的作品“向日葵”，比一比更喜欢哪一幅？为什么？

父母要引导幼儿的色彩感受，如问孩子画面中什么颜色最多？你最喜欢画面中的哪种颜色？如果都用黄色好吗？……（通过这些问题引导幼儿以自己的观察理解感受到画面是以黄色为主、其他色为辅的，同时关注到画面色彩的巧妙搭配以及对比色的使用比例。只有这样画面才能饱满、好看。）

父母要引导幼儿对线条的感受，如问孩子为什么向日葵的花瓣弯弯曲曲？感觉到了什么？……（引导幼儿感觉和体验作品中线条的夸张大胆和扭曲，感受到画面中的向日葵充满着生命的力量。）

父母要引导幼儿对构图的感受，如教孩子数一数有几朵向日葵，问它们是否一样？（辨别成熟的和还未成熟的或还未开放的）为什么有的低下了头？（父母引导幼儿从画面的背景、花瓶、花朵的整体来分析作品的构图，通过对话帮助幼儿理解构图有张弛、有疏密才会漂亮。）

指导建议：在分步感受理解和欣赏的基础上，鼓励幼儿再次比较照片、图片和绘画作品给予人的不同感受。

贴心提示

父母要审慎对待宝宝的艺术潜能

父母要审慎对待宝宝的艺术潜能，对宝宝艺术潜能的发展切莫盲目跟风，以免宝宝的艺术幼芽在尚未绽放之前就已经枯萎。

即使孩子表现出扭扭唱唱或涂涂画画，也不能简单地推断说孩子的艺术兴趣点就在画画或唱歌上。在孩子的早期发展中，兴趣点有可能是多方面的，因为“儿童的艺术是儿童把握世界的一种方式”，是儿童认识世界、表达自我的一种形式。因此，过早地、简单地把孩子的艺术表现定位在某个方面，往往会造成孩子的片面发展，而对大多数孩子来说，强烈的某方面的艺术倾向并不是很明显。

大多数孩子在早期的艺术表现是多方面的，在发展的不同阶段可能会表现出不同的艺术兴趣，这也正是有的父母常常抱怨自己的孩子一会儿喜欢画画、一会儿又喜欢弹琴的缘故。父母要仔细观察孩子的艺术兴趣点，找出他的艺术敏感点，然后创设相应的环境，为孩子由艺术发展的潜在可能向现实转化提供条件。

◆ 3. 衡量能初步感受艺术的基本特征标准

艺术有一个基本的特征就是审美性。艺术的审美性是人类审美意识的集中体现。美的形态分为自然美与艺术美，二者之间的划分归根结底就在于艺术美直接凝聚着人类劳动和智慧的结晶。因此，泰山的雄伟、华山的险峻、黄山的奇特、峨眉的秀丽，这些名山大川的自然美虽然从原因上来看，都是由于人类社会实践在漫长的历史中审美主客体关系的建立，但是，这些天然风景之美毕竟都是大自然造就的。艺术美却不同，任何艺术作品都必然是人所创造的，凝聚着人类劳动和智慧的结晶。然而，与此同时我们又必须注意到，并不是人类一切劳动和智慧的创造物都可以称为艺术品。只有那些能够给人以精神上的愉悦和快感也就是具有审美价值或审美性的人类创造物，才能称得上艺术品。正因为这样，我们听一首乐曲、看一幅绘画、读一本小说、看一部影片，都会感觉到一种精神上的愉悦快感，获得一种审美的享受。

艺术的审美性是真、善、美的结晶。艺术美之所以高于现实美，是由于通过艺术家的创造性劳动，把现实生活中的真、善、美凝聚到了艺术作品当中。虽然艺术欣赏的特殊性在于直观感受性，即由生动鲜明的艺术形象直接引起人的美感，人们在欣赏艺术作品时，这种生动鲜明的艺术形象就已经融合了真、善、美的内涵，只不过它是通过艺术美直接体现出来的。

幼儿艺术教育正是以音乐、美术、文学为手段和内容进行的教育。良好的艺术教育环境、充实的艺术教育活动可以使幼儿获得积极的人生经验，对其人格的健全与德、智、体、美的和谐发展有着重要意义。

艺术教育内容应当是最富有美的意蕴、最能体现童趣和最富有时代精神的。它能丰富幼儿的情感，培养幼儿初步感受美、表现美的情趣和能力。艺术是幼儿另一种表达认识和情感的“语言”。

作为父母，要遵循规律，要观察、了解幼儿需要什么样的艺术形式，因为儿童对艺术的兴趣点、观察点和表现方式是有差异的。我们允许这种差异存在，并鼓励个人的表现方式。

儿童身上与生俱来存在着包括艺术感受力在内的巨大艺术潜能。例如幼儿对美术中的线条色彩、构图等有一种天生的敏感性，往往无须成人指导，凭着直觉就能准确地感受到不同色彩的冷暖、线条的曲直等，能够体会不同风格美术作品所传达的不同感觉。

3 ~6 岁是儿童感觉敏锐、反应强烈、想象极为丰富的时期，艺术之所以对儿童充满魅力，是因为它极富变化，艺术的魅力还在于它从本质上来讲是儿童自主的活动，是儿童认识世界、理解世界、与外界交流的工具。在艺术活动中，儿童不仅能够表达自己的所知所感，还能够整理、整合自己的经验，不断构建自我。

儿童特别是幼儿，天真烂漫得似乎什么也不懂，但实际上他们已有了审美的眼光。随着他们眼睛骨碌碌的转动，爱美之心也就流露了出来。他们随手画的、捏弄的作品，信口开河讲的故事甚至是不经意的手舞足蹈，看来那么散漫、随意，却往往在稚拙中寓有美感。这种天生的美感显得神秘、不可理解，因为在它的背后有审美功能在起作用。这种审美功能是随机的、不确定性的，但它恰恰能够为儿童美感的发展提供充分的条件，恰恰能够显示儿童对于美感特有的魅力。

审美活动源于人的审美器官，即“有音乐感的耳朵”和“能感受形式美的眼睛”。儿童对艺术活动有着一种朦胧的内在审美需求，平时他们以隐态的形式存在于儿童的心理结构中，一到艺术审美活动中就会撞击他们的心灵，使他们从其他活动中解脱出来，投入到审美活动中。儿童在艺术审美活动中，其情感倾向所携带的能量将得到缓解和宣泄，从而体验到一种轻松愉快的感觉，这就是美感体验。在美感体验的刺激下，3 ~6 岁的儿童能初步感受到艺术的美。

4岁儿童标准

标准内容

- 对情绪情感对比鲜明的艺术作品有不同的情绪反应；
- 能跟随熟悉的音乐合拍地做身体动作；
- 能感知自己喜欢的色彩、形象。

3～4岁的儿童对色彩、亮光、节奏等能产生快乐的艺术对象的特质极其敏感，他们有着某种艺术形式的整体结构感、节奏感和平衡感。在艺术欣赏过程中，主要出自一种直觉表达和表现对艺术形式特征的把握，他们更善于以不同的情绪反应来表达自己的感受。

3～4岁的幼儿情感易于激发、易于显露，对喜怒哀乐容易产生共鸣，所以他们总是以强烈的情绪反应去迎合绘画、音乐、诗歌、舞蹈和戏剧中所流露出来的强烈的感情。

艺术是一种情感符号，对3～4岁的幼儿来说，艺术作品中深不可测的感觉和感情超越了其语言范围，不容易表达，因此他们喜欢运用音乐的、身体动作的体验来表达幼儿独特的艺术审美。

3～4岁的幼儿具有喜形于色、感情外露的特点，他们难以用语言表达自己内心的感受，而音乐中强烈的情绪对比、鲜明的感情描写正抒发了幼儿这种内心的感受，所以这一年龄段的幼儿发自内心地喜欢音乐，以至于常常情不自禁地随着音乐手舞足蹈。

这一年龄段的幼儿能进行唱歌、律动、打击乐等活动，会跟着音乐做简单的身体动作，在听到熟悉的音乐时，能跟随音乐节拍做身体动作。

3～4岁的幼儿对色彩鲜艳的艺术作品容易产生喜爱之情，能感知自己喜欢的艺术作品的色彩、形象，他们喜欢色彩鲜艳、形象夸张的事物。这个年龄段的孩子对色彩有了自己的喜好，而且辨色能力也大大提高。

典型案例

先来看一段4岁幼儿和他妈妈关于毕加索一幅画《和平》的对话。

（幼儿坐在自己的椅子上，妈妈展示毕加索的作品“和平”。）

幼儿：真好玩！

幼儿：哇！

幼儿：他们在跳舞哎！我也想跳舞（站起来手舞足蹈）。

妈妈：好！（拍手示意幼儿安静下来）现在坐在自己的小椅子上不要讲话，听妈妈讲，妈妈会把画家在这幅画中画了些什么告诉你。

（妈妈师停顿片刻，等待幼儿安静下来。）

妈妈：这幅画的名字叫“和平”，是一个叫毕加索的人画的。他是一个大画家，他一生画了很多画，你也要像他那样画画，将来做一个大画家。现在，我们来看看画家在画中都画了些什么。

案例分析

在以上这段实录中，我们至少可以看出，幼儿的情感被一幅具有审美价值的艺术作品激发了，他“肆无忌惮”地表达着自己的激动与兴奋。我国古代文论《诗·大序》中的“情动于中，而形于言，言之不足，故嗟叹之，嗟叹之不足，故咏歌之，咏歌之不足，不知手之舞之，足之蹈之也”，虽为说诗，但我们完全可以用来描述孩子处于强烈的情感高峰体验时的那种状态：有时“情动于中，而形于言”——用“好玩”这样儿童化的语言来赞美作品；有时则“言之不足，故嗟叹之”——用一声“哇”来表达惊奇之感；有时则情不自禁地“手之舞之，足之蹈之”——运用肢体语言来多通道地表达自己的感受。当儿童发展得不太成熟的语言不足以表达自己的内心感受时，他们就会运用先前的动作模式和表情模式来“痛快”地表达自己的强烈感受。也就是说，此时的儿童情感是更自发地、更表现地、更更自然地、更无控制地自由流露的，而且“嗟叹歌咏”“手舞足蹈”本来就是人类最早与生活相接触表达自己的主观态度的，是表现自己作为人的存在的最为自然的方式。因此，我们在研究儿童的情感时必须关注他们语言动作的变化。应该说，这些都是儿童审美情感的自然且真切的流露，具有儿童自身的特点。

然而，妈妈面对幼儿的反应又是怎样做的呢？“好！（妈妈拍手示意幼儿安静下来）现在让孩子坐在自己的小椅子上不要讲话，听妈妈讲……”言下之意是欣赏美术作品时幼儿只能安安静静地坐着。“妈妈会把画家在这幅画中画了些什么告诉孩子。”从这句话里我们可以看出，在这位妈妈看来，学习就是知识积累的过程，审美活动也不例外。儿童要学习的就是关于美术的知识，而不是自己对这幅作品的感受与体验。同时，“你也要像他那样画画，将来做一个大画家”，这句话也充分显示出这位妈妈的艺术教育目标是培养“大画家”，说明这位妈妈还不了解美术欣赏活动的特质以及这一活动对于儿童发展的价值。

此外，“妈妈会把画家在这幅画中画了些什么告诉你。”“这幅画的名字叫《和平》，是一个叫毕加索的人画的。他是一个大画家，他一生画了很多画。”这些话也隐含着这位妈妈的另一个教育观念，那就是父母的职责是将自己掌握的知识教给儿童，父母的任务就是将自己“水桶”里的“水”倒到儿童的“杯子”里。这位妈妈关注的是自身教的行为，而不是幼儿学的行为。也就是说，在她的心目中，父母是权威，幼儿应听从父母的讲解，而不能有在她看来是“不对”的那些知识和行为。

专家指导

艺术欣赏具有主体性的特点。对于艺术创作和艺术作品的主体性特点，人们一般不会有疑问，但是对于艺术欣赏也具有主体性特点的观点，恐怕就感到难以理解了。事实上，由于美感既有共同性又有差异性，既有社会功利性又有个人直觉性，使得美感具有千差万别的个性特征。由于每个人的生活经验与性格气质不同，审美能力和艺术素养不同，形成了每个欣赏者在审美感受上鲜明的个性差异，使艺术欣赏不能不打上欣赏主体的烙印。艺术欣赏中的这种个性差异普遍存在于艺术的史实里，“有一千个读者，就有一千个哈姆雷特”，正说明了这个道理。

美国符号论美学家苏珊·朗格认为，“审美情感是一种无所不在的‘令人兴奋’的情感，是欣赏优秀艺术时被直接激发出来的、是人们认为艺术应当给予的‘快感’。因而任何一种不考虑个体感受的关于艺术的讨论都有可能完全歪曲所研究的现象”。对儿童艺术心理有颇深研究的美国心理学家加登纳也认为，在儿童的审美与艺术活动中，“只要他的情感生活变化了，那么他就以欣赏者的身份参与到艺术过程中去了”。

幼儿的审美感知有几个特点：一是直觉性。幼儿对事物的认识，其特征在于感性经验的全面依赖。二是整体性。幼儿的视知觉一开始把握的材料是对事物整体的、粗略的结构。例如先认识树，再进一步认识它的枝、干、叶等细节构成的整体。三是统一性。幼儿常常拟人化地看世界，把外部的一切都看成和自己一样具有生命力，认为自己感受到的东西，物也一样能感受到。

4岁以前的幼儿喜欢鲜艳的物体，4岁以后逐渐发展起对艺术作品的初步欣赏能力，在欣赏中体验和表现出喜悦、羡慕等美感。幼儿的美感与良好的情绪体验紧密联系，这种美感肤浅、表面，直接以行动、表情、语言和活动等方式表达。

艺术活动的情感性、愉悦性、形象性（听觉形象、视觉形象）、想象性、活动性等特点符合3~4岁幼儿的思维水平和认知特点。由于幼儿语言能力不足，艺术活动经常成为他们表达对周围事物认识和情感态度的方式与手段。幼儿需要在听觉、视觉、肢体运动及语言的充分协调下，获得艺术的体验。

幼儿通过欣赏艺术作品，从艺术形象情绪的展示中，可以学到更多更复杂情绪的词，同时也促进自身识别情绪能力的发展，丰富自己情绪表达的能力。

今天，对于幼儿进行艺术作品美育的重要性是绝大多数人都不会否认的，可是在实践中却往往得不到很好的贯彻。很重要的一个原因就是，很多父母和老师把艺术作品的美育看得过于“正规”，认为要开展艺术作品美育就得像上课一样。其实，艺术作品的美育是随时随地都可以进行的，因此我们必须强调艺术作品美育的随机性和普遍性。

审美是在远离功利的基础上追求的一种愉悦心态。著名教育家苏霍姆林斯基说得很明确：“美育的最重要任务是通过周围世界的美、人际关系的美而看到精神的高尚、善良和诚挚，并在此基础上确立自己的美的品质。”蔡元培先生曾说：“美育，便是使人类能在音乐、雕刻、图画、文学里又找到他们遗失了的情感。”著名美学家朱光潜先生也认为，“美感教育是一种情感教育”“美感教育的功用在怡情养性”“美是一个自我的循环”。

在培养孩子的审美过程中，孩子最大的收获是在美的享受中接受教育，在不知不觉中陶冶性情、培养情操，学会以开阔的胸襟、从容的姿态面对人生。

艺术活动的主要目的不在于教会孩子掌握多少的艺术知识和技巧，而在于培养一种艺术素养，提高孩子的审美感受能力。过分注重技巧，就会挫伤儿童的审美感受力和创造力，因此需要特别提醒父母，在艺术追求中，不应该附加太多的功利性目的，而应该以儿童在艺术活动中精神的愉悦和内心的丰富为最终目的。

正如著名教育家苏霍姆林斯基所说："音乐教育并不是音乐家的教育，而首先是人的教育。"美国《国家艺术教育标准》认为，音乐教育能够培养完整的人，在发展个体直觉、推理、想象以及表达和交流能力等方面具有独特的作用。音乐教育是这样，其他艺术教育也概莫能外。

儿童艺术教育的核心价值就在于美育。艺术教育"育人"的目的就是通过美育的方式来实现的。儿童通过学习绘画、音乐、舞蹈、书法等艺术形式，学习美的表达方式和方法，强化其视觉、触觉和听觉能力，体验蕴涵于艺术形式中的美和丰富的情感，学会欣赏美和表现美。在这一基础上，激发儿童对于美的创造精神，发展儿童对于美的实践能力，使儿童养成健康、高尚的审美情趣和积极乐观的生活态度。

在对孩子进行审美教育的问题上，家长经常存在着误区，他们理解的审美教育比较片面，往往以专业技能的训练替代对孩子综合审美能力的培养，忽略了美育。家长首先应该培养孩子感受美和欣赏美的能力，并在此基础上发展儿童创造美、表现美的能力和技巧。而他们却把音乐和美术教育视为培养高素质人才的工具，请家教、送孩子上特长班，单纯学习乐器的演奏和绘画技巧，误认为美的修养通过上特长班就会自然形成。其实，这是一种舍本逐末的行为观念。

在特长班上，孩子无论学习画画还是乐器、舞蹈，如果不进行美的感受力以及鉴赏力、创造力的启迪，使他们的情感得到升华、心灵得到净化，那么孩子所掌握的技巧就仅仅只是技术，而并非真正的审美能力，比如在孩子学习画画时，只强调孩子的画像不像所描绘的事物等。家长用成人的目光片面追求成熟的美，喜欢孩子画龙像龙、画虎像虎，而忽视了孩子的心理特点和发展规律，没有把重点放在培养孩子的艺术感受和良好的审美感觉上。

儿童艺术教育的审美价值是通过学习者的内心体验来实现的。绘画、音乐、舞蹈、书法等各种艺术形式的一个最突出的特点，就在于它们都强调一个“情”字，把情感凝聚在艺术创作中，把情感挥洒在艺术表现上，以情感人、以情动人。学习者内心空洞，没有情感需要表现，或者其内心体会不到所要表现的情感，他们的习作或弹奏就是了无生机、毫无感情的，即使技巧再娴熟、表现手法再多样，美育的学习目的也自然是达不到的。

艺术是幼儿另一种表达自身认识和情感的语言。幼儿艺术教育应引导幼儿接触生活中的各种美好事物与现象，丰富幼儿的感性经验和情感体验。艺术活动是一种情感和创造性的活动。幼儿在艺术活动过程中应有愉悦感和个性化的表现。父母要理解并积极鼓励幼儿与众不同的表现方式，注意不要把艺术教育变成机械的技能训练。

不少家长口口声声说，让孩子学这学那，就是为了训练他的美感、陶冶他的情操，但却不懂得幼儿艺术教育的这一特点，而往往强调孩子技巧的掌握，喜见孩子技法上的进步。一些施教者对此也知之不多，他们总是满足于技法的传授，而不善于情感的启发和诱导，不注意鼓励幼儿发挥个体情感表达的特性，也不会发挥幼儿学习主体的作用。这样的结果是，几年学习下来，孩子学到了一些艺术的表现方法，却不会感受其中的美；孩子拿到了几级证书，却体会不到学习的快乐，甚至千方百计想逃避这一“炼狱”般的学习生活。这样的结果是我们任何一个父母都不愿意看到的。

在艺术教育过程中，要关注幼儿在意义形成中的主体地位。在艺术欣赏活动中，要注重幼儿自身的审美体验与艺术想象等，强调幼儿与审美对象的对话，鼓励幼儿创造一个属于自己的意义世界。审美活动就其本身的状态而言，突出地表现为体验性而不是认识性。情感体验性始终是主要的、决定性的，而认识性则是次要的、从属的，审美活动以主体的情感体验为基本特征。审美对象也不是认识的对象，而是经验的对象，人的审美经验是在审美阐释的过程中逐渐丰富的。艺术的审美功能是艺术的认识功能、德育功能、娱乐功能的安身立命之所，而艺术的其他功能也始终是以审美功能的发挥为基础的。

父母要鼓励、欣赏幼儿对艺术作品的感受和表达，如在欣赏艺术作品时，用开放性的语言引导幼儿表达自己的感受和理解：听（看）到这个你有什么感觉？理解和支持幼儿在欣赏艺术作品时的情绪反应或动作反应，并有意识地引导年龄大些的幼儿用语言表达自己的感受。在幼儿自主表达对艺术作品的感受和理解时，父母要认真聆听，也要同幼儿交流自己对同一作品的感受和理解。

通过大量的互动性的艺术审美活动，幼儿从父母那里所体验到并丰富起来的“七情六欲”率先成为幼儿理解各种艺术作品的情感背景。正是通过对包含各种情感的艺术作品的欣赏，使幼儿得以在情感的广度与深度上有所拓展，在情感的体察上渐趋真切、准确与细腻。这些是幼儿理解一切艺术品的情感基础，可以使幼儿的情感直接切入审美领域并使审美情感得到积累与丰富。

由于不同年龄的幼儿对情感的匹配、认识能力不一样，因此应视情况选择不同的作品供其欣赏。从人物的具体情感而言，可以为 3 ~4 岁的幼儿选择情感比较单一或者两极对比鲜明的作品，《小兔乖乖》就可以让孩子与小白兔一起共同体验喜悦、紧张、狂喜的心情。

亲子游戏

游戏名称：穿糖葫芦

游戏目的：培养孩子对形状的认识能力、提高孩子的想象能力和动手能力

游戏材料：泥工板、橡皮泥、牙签

游戏玩法：首先家长和孩子一起观察糖葫芦的形状与颜色，并让孩子讲出糖葫芦的形状是圆形的、颜色是红色的。选择一盒红色的橡皮泥，开始动手操作。家长可以先给孩子演示如何将橡皮泥弄成圆形，具体做法是将橡皮泥放在两个手心中间来回转动，直到把它弄成圆形。让孩子自己尝试着把橡皮泥穿进牙签里面，然后进行成果展示。

指导建议：家长指导孩子一手拿糖葫芦，一手拿牙签，从糖葫芦中穿过。牙签要把两头锋利的部位都掰下去，这样牙签的头就不会那么锋利，从而避免伤到孩子。

游戏名称：心情墙

游戏材料：水彩笔、胶棒（或胶水）、塑料树叶

游戏玩法：父母在墙上用红、黑、蓝三种颜色画出三棵大树，分别代表高兴、生气和难受，父母按星期分给孩子和自己各7片树叶，树叶上有代表孩子和父母的相片，高兴时将贴有相片的叶子插在高兴的大树上，生气时将相片插在生气的大树上，以此来表达自己的心情。父母和孩子可以交换谈谈为什么高兴、为什么不高兴，以此来锻炼孩子在审美活动中的情绪表达能力。

贴心提示

幼儿家庭艺术教育的心理误区

幼儿家庭艺术教育是指家长对3~6岁儿童进行的以音乐、美术、舞蹈等方式进行的审美教育。在幼儿家庭艺术教育中，存在着几种心理误区：

1. 从众心理

从众心理即指个人受到外界群体行为的影响，在幼儿家庭艺术教育中，因为每个家庭的经济状况、艺术氛围各异，因此在多数情况下，家长的从众行为不同程度地带有盲目性，如“其他人的小孩都学，我的小孩不得不学”。这样的家长在幼儿家庭艺术教育中为数不少，也是很大一部分家庭很难将孩子的艺术教育长期坚持下去的原因。

2. 功利心理

功利主义以人们行为的功利效果作为道德价值基础或基本的评价标准，同时强调行为实际效果的价值最大化。中国家长都有望子成龙、望女成凤的情结，再加上激烈的社会竞争，使得越来越多的家庭走进了功利主义的误区。很多家长让孩子选择学习艺术，就是为了使孩子有一技之长，将来更好地立足社会；有的直接就是希望孩子以后能进入演艺圈，成为名演员、名歌星，或者升学时有特长加分，带有非常明显的功利性目的。

艺术一旦成为一种谋生的技能，它就失去了原本的意义，那么我们的艺术教育培养的就将是一个艺术工匠，而不是一个有着较高艺术修养的全面发展的人。因此，如果家长抱着急功近利的心理对幼儿进行家庭艺术教育，这是非常不利于幼儿将来发展的。

3. 补偿心理

补偿心理是一种心理适应机制，个体在适应社会的过程中总有一些偏差，为求得到补偿，从心理学上看，这种补偿其实就是一种“移位”。有些家长因为工作在外或者工作忙，很少有时间来陪伴孩子，便给予孩子某种形式的艺术教育来对孩子进行补偿。有的家长过分溺爱、放纵孩子，孩子在艺术教育中遇到困难时就选择逃避，致使学什么都半途而废，结果使孩子变得没有目标、没有责任感。这样孩子独立自主的能力难以得到必要的培养，成年以后无论是人际交往还是处理事情，都会变得过分依赖他人。

4. 心理投射

心理投射是指个体依据需要或情绪的主观倾向，将自己的特征转移到他人身上的现象，投射的实质就是个体将自己身上所存在的心理行为特征推测成在他人身上也同样存在着。在幼儿家庭艺术教育中，直接体现为有的父母将自己小时候所渴望而没有得到的艺术教育强加在自己的孩子身上，要求孩子去参加各种兴趣班，把自己的人生理想强加给孩子，从而剥夺了他们自己选择兴趣的权利。

这样的家长在中国不在少数，父母往往不考虑具体情况就去强迫孩子按自己的要求来成长。这种做法有悖因材施教的原则，不仅违背了幼儿家庭艺术教育的初衷，还会使孩子产生逆反心理，从小敌视艺术教育，甚至给孩子带来人格上的障碍。

在幼儿家庭艺术教育中，家长应该具备一定的儿童心理学知识，提高自身的艺术修养，消除功利思想，遵循幼儿身心发展的规律，尊重与理解幼儿，以促进幼儿自身的全面发展。

5岁儿童标准

标准内容

- 在感知不同情感的艺术作品时，有相对应的情绪反应；
- 能区分强弱、快慢对比鲜明的歌曲、乐曲等；
- 能感知艺术作品相关色彩、线条、形状、结构等视觉要素的主要特点。

随着年龄的增长，幼儿在音乐、美术等方面的感受、理解、想象、表现能力均有明显的进步。幼儿欣赏作品时情感会非常投入，能和艺术作品达到情感共鸣，并且易“入”难“出”，表情、语气、语调会一直随着艺术作品的情感而变化。5岁幼儿的年龄特点决定了幼儿的情绪更易受环境的影响，一张图片、一段表演、一个故事、一场游戏，往往能让幼儿身临其境，共同欢喜和悲伤。

这个年龄段的幼儿欣赏艺术作品时情感会非常投入。正像美国文学理论家乔治·普莱认为：“在孩子接触文学作品的时候，甚至不能很好地将现实生活和艺术世界区分开来，他们时常将艺术中描写的人物、事件当做真实的现实来感知。”

5岁幼儿听辨音的分化能力有所提高，逐渐能辨别声音的细微变化，能区分强弱、快慢对比鲜明的歌曲。他们一般能欣赏内容较为广泛、性质风格多样的音乐作品，如舞曲、进行曲、摇篮曲等，对不同体裁、性质、风格乐曲的分辨能力也有很大发展。在音乐的速度、力度、节奏、结构把握上，能初步感受到乐曲的结构，听出乐段、乐句之间的重复以及乐曲在情绪性质上的明显差异，但是还不能感知力度和速度的细微变化。他们能基本上理解音乐所表达的情绪和情感，并由此产生一定的想象、联想。

5岁的幼儿能区别音乐中明显的速度变化，能听出小马跑去时音乐越来越快，小马跑回家时音乐渐渐地慢下来的这种渐快渐慢的变化。在欣赏对比鲜明的音乐时，能毫不困难地指出音乐力度的变化。在对音高的感知方面，能听出相隔一个八度上的音高上的不同，但是常常容易把强音和高音、弱音和低音机械地联系起来，因而很难理解和区分弱的高音和强的低音。通过系统的、正确的欣赏指导和一些欣赏活动，儿童能感知一些简单的曲式。

随着幼儿思维、想象的进一步发展，儿童对音乐的理解能力也在不断发展。这种理解能力通常表现在歌曲及有标题器乐曲的理解上，幼儿已能借助歌词及已有的生活经验、音乐经验，基本上理解音乐所表达的艺术表演形象，但对于较为复杂的、没有标题的纯器乐曲的理解还有一定的困难。另外，他们在欣赏过程中的创造性表现能力也在不断地增加。

5 岁儿童能感知艺术作品的相关色彩、线条、形状、结构等视觉要素的主要特点，能理解艺术作品中颜色的冷暖和深浅对比，能理解艺术作品中颜色表现出的心境和情绪。随着儿童认知能力的不断发展，他们逐渐开始对美的形象。如绘画作品中的造型、图画中的图形、雕塑中的形象，进行感知和理解。这种感知和理解是对审美形象的一种直觉的感受。

需要特别指出的是，这一年龄段的儿童对艺术作品意蕴的把握通常会使用感性、直觉的方式。例如儿童在欣赏蒙德里安的作品《绘画一号》时，会通过对画面中线条的粗细之分、色块的大小之别来感知和理解作品中的意蕴。就像心理学家阿恩海姆所说，人有两种理解能力，一种称之为直觉，另一种称之为理智，前者用于审美，后者用于科学。两者都可以达到对事物的理解，只不过理解的对象和方式不同罢了。

典型案例

张瑶是一位 5 岁孩子的妈妈，有一次上网无意中打开了一个网页，里面正在播放《雪花和雨滴》的歌曲。正在一边玩的孩子马上被音乐吸引住了，听了一遍又一遍，最后冲妈妈嚷嚷："妈妈，这首歌真有意思，雪花从天上下来时轻，是飘下来的，小雨滴从天上下来时重，是掉下来的。”听完儿子的话，张瑶愣住了，孩子对音乐的倾听能力是自己所没有想到的。

案例分析

5岁的孩子能很快被歌曲引入情境，调动听觉，用自己已有的生活经验去感受下雪和下雨的不同。通过音乐旋律的变化，孩子也感受到了雪花和雨滴的变化。

音乐欣赏主要是听觉艺术活动，其核心教育价值为：使幼儿能感受和体验不同的音乐形式所具有的独特表现力和美感；让幼儿喜欢倾听与欣赏各种音乐，感到愉悦，并能大胆、自由、富有个性地表达、表现美的体验和感受；使幼儿在潜移默化的艺术陶冶中，感受并接纳优秀的音乐艺术，奠定音乐素养的基础。

专家指导

心理学家舒帕尔·卡格安观察发现，儿童对于那些十分熟悉或是完全陌生的事物会表现得毫无兴趣。只有那些与他们熟悉的事物有所不同，但又可以看得出与他们有一定联系的事物，才能真正吸引他们。父母应该选择合适的艺术作品，通过艺术欣赏教育让孩子既有审美的眼睛，又有审美的耳朵，更有审美的大脑，让孩子能运用艺术家的眼光去欣赏周围的各种事物。家长应该让幼儿多参加一些艺术活动，丰富他们情绪体验和情绪表达的方式，让他们的各种情绪在丰富多彩的艺术活动中得到表现和宣泄。

让幼儿欣赏那些贴近孩子的生活又比较容易理解的优秀画家的作品，对提高幼儿的审美表现力是十分重要的，其好处在于除了激发孩子的美感外，还可以让孩子对作品的主题及美术知识有所了解，从而使幼儿能依据美的造型原则做出一定的分析评价。家长在开始时可以选择一些色彩饱和鲜明、与幼儿生活较为接近、易懂的名画，如梵高的《向日葵》、齐白石的虾、张乐平画的三毛。在欣赏活动中，你会惊奇地发现，这些名画对孩子的吸引力和感染力会大大超出我们的意料。在欣赏的基础上，家长可以引导幼儿学习、模仿名画中色彩的搭配关系，并适当地将它们反映到自己的画作上来。

优秀的文学作品有助于发展幼儿的想象力，给幼儿以审美教育和熏陶，因此家长要注重创设幼儿接触优秀文学作品的机会，给幼儿以艺术熏陶，引导幼儿进行想象。比如饭后让幼儿倾听著名童话《海的女儿》《美人鱼的故事》《渔夫和金鱼》等，睡前倾听《蓝鸟的梦》《小精灵的梦想》等小故事。

音乐欣赏是一种美的教育，不但可以提升幼儿对音乐的理解感受能力，还能够使幼儿的审美情趣得到提升。因此，父母可以经常选择一些合适的音乐作品让幼儿欣赏，这不失为一种好的审美教育手段。为儿童提供一些情绪情感鲜明（如摇篮曲、进行曲、舞曲）或不同风格（如歌曲、戏曲）的音乐作品，平常屋子里可以播放一些柔和的轻音乐，让幼儿进入到安静、轻松舒适的生活环境当中。午睡时，可播放“摇篮曲”进行催眠，给幼儿一种放松和惬意感；就餐前，可播放一些合适的、安静的音乐如钢琴曲等，以平静幼儿的情绪，营造一个优雅的餐前环境；睡觉前，可播放一些抒情轻音乐，制造一种温馨入睡的氛围。另外，一些名曲如外国乐曲《四小天鹅》《西班牙斗牛曲》《蓝色多瑙河》、中国民乐《春江花月夜》《茉莉花》《梁祝》《金蛇狂舞》等，可以安排在周末家长和幼儿一起来欣赏。除此之外，不同题材的音乐形式如地方戏、摇滚乐、轻音乐带有明显情绪或乐段变化的音乐作品等都可以让幼儿欣赏，以拓宽其视野，丰富其审美感受和体验。

俄罗斯的画家和美术理论家康定斯基曾经说过：“绘画是一种视觉的音乐。”这说明美术与音乐是有其内在联系的，是相通的，选择适宜的音乐能帮助幼儿打开心灵的窗户，让幼儿走进作品，它是有效提高幼儿美术欣赏水平的通道。比如在欣赏希斯金的《橡树·傍晚》时，为了让孩子充分领略作品中灿烂的阳光、清新的树木等自然风光，家长可以选择乐曲《清晨》。在这首具有流动的光感的美妙乐曲声中，孩子会情不自禁地“走进”画中的橡树林，感受阳光，感受林中清新的空气……无疑，这时的他们开始浮想联翩。

与此同时，父母还要注重加入恰当的语言，配上贴切的故事，以有助于进一步深化作品的主题，帮助幼儿理解作品所蕴涵的意义及其历史背景。

通过以上点滴细微的艺术熏陶，幼儿的审美能力和体验日渐丰富厚实，家长要鼓励他们用语言、动作、绘画等多种方式表达自己的感受和音乐特点。

亲子游戏

游戏名称：耳听四方

游戏目的：训练儿童对音乐声音强弱的辨别能力

游戏材料：大小不同的容器若干、某个下雨天

游戏玩法：将大小不同的容器放在屋檐下，让幼儿听雨滴落进不同容器发出的不同声音。让幼儿闭起眼睛听一听雨落在地上、窗户上、屋檐上、树叶上的声音，猜猜是大雨还是小雨。

游戏名称：秋天的叶子

游戏背景：秋天来了，树叶由绿变红、变黄，用它那斑斓的色彩点缀着大地。秋风吹过，树叶又如蝴蝶般在树上、在空中翩翩起舞，婆娑抖动。秋叶的色彩、形状、动态都为幼儿提供了丰富的艺术想象与空间。父母可以借助幼儿对秋季落叶自然景象的关注和兴趣，尝试运用多种艺术要素，帮助幼儿体验秋叶飘飞的美，鼓励幼儿用自己喜欢的艺术方式大胆、即兴、自由地表达对秋景、秋叶的自我感受。

游戏目标：幼儿在角色扮演中能对比感受音乐性质的变化，大胆地想象，自由地用动作表现，体验游戏的快乐。

游戏准备：

（1）墙上画一棵没有树叶只有枝杈的大树

（2）《变幻之风》轻音乐

（3）游戏音乐录音带、录音机、彩纸

游戏玩法：

父母和幼儿随音乐模仿落叶来到活动场地（调动幼儿情绪，帮助幼儿感知树叶飘舞的律动特点），父母带领幼儿“飞舞”到只有枝杈没有树叶的大树下。

父母给孩子讲《爱心五彩树》的故事。讲完之后，父母问幼儿：“故事中你最喜欢谁？为什么？”父母要引导幼儿说出喜欢的人物，并说出原因，如“我最喜欢枫叶，因为它火红火红，像闪闪的红星”“我还喜欢银杏树，因为它的叶子金黄金黄，像一把黄金的扇子”“我还喜欢杨树叶，因为它像碧绿碧绿的桃心，特别漂亮”“我还喜欢五彩树，因为它的身上有许多漂亮的树叶”。父母进一步提问幼儿：“这些树叶是哪里来的呀？”“朋友们为什么要送给他树叶？”并引导幼儿回答：“朋友们看到他没有树叶，特别关心他，就送给他自己的树叶，因为朋友们都特别爱他。五彩树身上的叶子都是朋友们的爱心，我喜欢五彩树。”

最后，父母和孩子一起用彩纸剪成不同颜色的树叶，装饰成五彩树。在玩的过程中，伴随优美抒情以及雄壮有力的不同性质的音乐，来表现树在大风和微风中的不同状态。幼儿在欣赏优美抒情及雄壮有力的两种不同性质的音乐时，父母可以引导并鼓励幼儿用语言大胆描述出自己对音乐的感受。

游戏指导：《爱心五彩树》故事内容

在大森林里生长着许多树，他们都是好朋友。其中有一棵树不知为什么树叶都掉光了，看着自己光秃秃的样子，他很难过。秋天来了，秋风把树叶变红变黄，大森林里美丽极了，这棵树看到别人都这么漂亮，心里真着急，他难过地哭了起来。枫叶姐妹看见了说：“朋友你不要难过，让我们送你几片吧！你看秋风把我们的叶子染得火红，像不像闪闪的红星?”银杏树爷爷看见了说：“孩子你不要难过，让我送你几片银杏树叶吧！你看秋风把我的叶子染得金黄，像不像一把黄金扇?”杨树兄弟看见了说：“朋友你不要难过，让我们送你几片杨树叶吧！趁秋风还没把我们染黄，把这碧绿的心形树叶送给你吧！”就这样，这棵树送给他几片叶子，那棵树送给他几片叶子，这棵树变得越来越漂亮了，大伙看见了都说：“呀！你变成了一棵美丽的五彩树。”这棵树高兴地说：“现在我不只拥有美丽，更重要的是，我身上的每一片树叶都包含着朋友们的友情和关爱，我是一棵爱心五彩树。我真幸福。”

贴心提示

了解奥尔夫音乐教学法

“奥尔夫音乐教学法”为德国著名音乐家卡尔·奥尔夫（carl. orff 1895—1982）所创建。这是一个独创的音乐教育体系，它赋予音乐教育以全新的反传统的观念和方法，已经对许多国家和地区的音乐教育产生了深刻的影响。反思我国音乐教育的现状，仍长期使用着以歌唱、教学乐理知识为主体的陈旧模式，忽视孩子对音乐的情感激发和体验，忽视孩子在音乐学习上的主体性、主动性、个性和创造性。如果能认真研究奥尔夫的音乐教育思想和体系，父母会得到许多有益的启示。

理念

从音乐产生的本源和本质出发，即“诉诸感性，回归人本”——这是奥尔夫音乐教育的基本理念，与我们原先对音乐教育本质和目的的认识有着根本的不同。

奥尔夫认为，表达思想和情绪是人类的本能欲望，并通过语言、歌唱（含乐器演奏）、舞蹈等形式自然地流露，自古如此，这是人原本就有的能力。音乐教育的首要任务就是不断地启发和提升这种本能的表现力，而表现得好不好并不是追求的最终目标。

原则

一切从儿童出发是奥尔夫教学法的首要原则。通过亲身实践，主动学习音乐是奥尔夫教学法的又一个基本原则，而培养学生的创造力是奥尔夫教学法的第三个基本原则，也是奥尔夫教学法的归结点。要学生“动”起来，“综合式、即兴式”地学习音乐，这是奥尔夫特别强调的又一个重要原则。

6岁儿童标准

标准内容

- 能根据自己的想象发现艺术作品中情绪情感的变化；
- 能感知歌曲、乐曲中重复出现的乐句或句段；
- 能通过造型、色彩等要素感受视觉艺术的整体风格等特点。

幼儿时期是人的各种感受器官的完善阶段，是人接受情绪刺激的最敏感阶段。6岁儿童用想象进行思维，逐渐从感知表现形式美过渡到理解作品的内在美，从而发现艺术作品中情绪、情感的变化。这时期的幼儿根据自己的情感和生活经验来理解或解释作品，以引起其感情上的共鸣。

艺术是一种善于表现和激发感情的艺术，可以说，艺术欣赏的过程就是感情体验的过程，它既是欣赏者对艺术作品的感情内涵进行体验的过程，同时也是欣赏者自己的感情和艺术作品中所表现的感情相互交融的过程。在艺术领域，积极地发挥并运用艺术想象能力，能将情感与想象恰到好处地结合，这样才能真正领略到艺术的魅力。

6岁的孩子对音乐的感受能力显著增强，可以直接用语言表达他们对音乐的情绪体验和感受，他们不仅能正确辨认音乐作品的性质和情绪，而且能感知音乐中重复出现的乐句或句段。这意味着幼儿正成为一个积极的听众，逐渐地能从音乐中获得更多的享受。

这一时期的幼儿喜欢重复的乐句和句段，而乐节与乐句的重复（或变化重复）是塑造幼儿音乐语言的一个十分重要的手法。

6 岁儿童对艺术作品有了敏锐的审美感知能力，感知经验开始系统化，能通过造型、色彩等要素感受视觉艺术的整体风格等特点。在欣赏活动中，通过对艺术作品的整体感知和要素分析，体会到艺术作品所传达的特别的情感和美感。

典型案例

李清的儿子今年6 岁，小家伙特别喜欢绘画大师大卫·威斯纳的作品，在把这个画家的代表作《三只小猪》和《疯狂星期二》看完之后，他的妈妈带他去书店买新绘本。买了两本之后，小家伙突然翻到大师的另一个代表作《海底的秘密》，就惊叫着对妈妈说："妈妈，你看，《疯狂星期二》"他的妈妈听到之后，感到非常吃惊，她怎么也不会想到，孩子在不知不觉中，竟然对大卫大师的画风有了如此的敏感！

案例分析

伟大的艺术家米开朗基罗曾经说过："艺术家用脑，而不是用手去画。"一些抽象派大师的画作用我们成人的语言很难传达其中的寓意，但孩子们却可以。他们用自己特有的想象、独有的理解力，完全可以"诠释"大师画中的寓义。

幼儿自由想象能够发挥孩子参与活动的积极主观能动性，他们会结合自己的已有经验进行创造性构思，渐渐地也就对不同作者的绘画风格有所认识。看似很小的孩子，实际上已经有了通过绘本认识不同风格的画风的能力，甚至他们会形成不同的偏好。

儿童对抽象作品做出反应的热烈程度，对线条、形状和色彩的感受水平，围绕作品的意象和情感所展开的想象，是绝大多数成人所不及的。抽象作品为儿童提供了一个不受拘束、自由想象和创造的广阔空间。

专家指导

审美体验是一种心理过程，审美主体的全部心理因素和功能的投入即移情。移情就是设身处地体会审美对象的心情，将审美主体自己的情感投射到审美对象上，从而把自身置换到审美对象中进行体验。在审美或欣赏时，人们把自己的主观感情转移或外射到审美对象身上，然后再对比进行欣赏和体验。

黑格尔在他的《美学》中指出："最杰出的艺术本身就是想象。"对儿童来说，任何艺术作品只要他们去想，就能把它想象成他们所想象的东西。想象让儿童的艺术审美变得神奇幻妙，情趣无穷。由于心理条件的发育还不是很成熟，抽象思维和逻辑思维推理能力还不是很发达，6 岁儿童还不善于透过现象去把握事物之间的本质关系。

根据对 5 ~7 岁儿童美术作品所做的调查和观察，我们发现这个年龄的儿童存在着欣赏作品的某些潜力。他们能够较长时间地注视作品，并按照自己已有的知识经验对作品进行简单的描述。在观察作品的内容方面，儿童对作品主题具有一定的知觉敏锐性。他们主要凭借直觉感知，对局部物象观察得比较仔细，能够描述某些细节，对非具象的图画往往从具象的角度加以猜测。对作品的形式，每个孩子都有自己潜在的爱好，一般来说，他们容易接受色彩鲜艳、形状逼真的图画，对色彩对比、形状轮廓、疏密关系、构图、比例等美的要素有所关注，并能做出某些简单的判断。在艺术思维方面，他们以具体形象思维为主，对作品的体验与认知依赖于知觉运作和已有经验的直接推理。他们对美的要素进行多层面理解尚存在一定的困难，缺乏整体分析判断能力。

美术欣赏活动是培育儿童艺术素养的一个重要途径。让儿童从小接触经典，与大师直接对话，这样儿童发展的起点高了，眼界开阔了，对美的欣赏的知觉和选择也就更敏感了。但并不是所有的大师作品都适合幼儿欣赏，幼儿更喜欢贴近自己生活、富有情趣、色彩鲜艳、生动活泼的美术作品。

学龄前儿童美术欣赏的性质与一般的鉴赏是有区别的。学龄前儿童偏重于从感性层面来认识艺术作品，对自己喜爱的作品会加以欣赏和赞美。对作品的背景知识、艺术基本要素只限于在家长的点拨下才有所关注。

根据幼儿的兴趣、经验和接受能力，家长要以中国画、西洋画、民间艺术、雕塑与建筑四个领域为主，选择接近儿童日常生活的题材，用名人名作向儿童作一系列的介绍。其中中国画以现代名家作品为主，作品的内容则以动物、风景、儿童生活题材为中心，使之与儿童生活方式有直接或间接的联系，比如有的名家喜欢画一些富有生活情趣的小品，这恰恰与幼儿经验相吻合，齐白石画的昆虫和小虾、吴作人画的熊猫等都深受幼儿的喜爱。西洋画以色彩鲜艳、不断流动变化的现代派作品为主，以其新鲜与多变的特点吸引儿童的好奇心和注意，如梵·高的《星空》、马蒂斯的《舞蹈》、蒙德利安的《红黄蓝构图》等非具象的、无定形的作品，都符合幼儿自由自在、不受约束的个性追求，容易为孩子所接受。民间艺术作品因其原发性、恒常的主题、功利的色彩极易为儿童所接受，同时，儿童艺术与民间艺术在对生命的自然追求和艺术表达的淳朴稚拙方面有许多共通之处，因而适宜儿童欣赏。至于手工艺术品，由于它具有立体性、可操作性，也很适合幼儿欣赏。

与此同时，父母要和儿童一起欣赏差异显著的不同流派（如写实派、抽象派、印象派）或不同创作手法（油画、水墨画）的美术作品，引导他们比较和描述作品的不同。

此外，父母还要引导儿童感知分辨艺术作品中的基本要素（如音乐作品中的音色、速度、力度，视觉作品中的色彩、线条、形状等），比较不同艺术作品在要素上的不同，初步感知艺术要素对作品情绪情感和整体风格的影响。

在欣赏活动中，家长要适当地将一些简单的、常用的艺术专门术语渗透其中，如线条、色彩、节奏、节拍等，鼓励和帮助儿童更清楚地表达自己的感受与发现。

艺术欣赏是艺术作品本身、艺术家的生活与社会背景等和欣赏者的生活经验、知识背景、情绪情感等因素相互作用的过程。艺术欣赏过程实际上是欣赏者积极主动的创造过程。艺术作品就像一台发动机，它把欣赏者潜在的创造性充分调动起来，而欣赏者则动员自身所有的知识经验和个性情感来进行创造，使艺术欣赏对象带上独特的个性和创造色彩。

亲子游戏

游戏名称：美术欣赏《马蒂斯和他的剪贴画》

游戏背景：马蒂斯，享誉世界的艺术大师，在绘画色彩上追求一种单纯原始的稚气，年近八旬在已经创造了足够多的辉煌后，于疾病的困扰中又把全部时间和精力都投入到剪纸创作当中，并以剪纸的形式创造出新的辉煌。马蒂斯的剪纸富于幻想情调，他的剪纸创作跃动着一种旺盛的生命力，明朗而欢快。在欣赏选择上，父母应充分考虑到儿童的年龄特点。6岁的孩子对剪贴兴趣很浓，也有了一定的技能，因此父母可以大胆地选取马蒂斯色彩绚丽、富有幻想情趣的剪贴画作为欣赏内容，可以将名人名画有机地结合，让孩子感动于艺术大师的作品，沉浸在这些美妙而充满生命力的作品当中。

游戏目标：

（1）欣赏作品，感受马蒂斯作品色彩、图案的美；

（2）能在语言、动作方面大胆想象，多通道地表达对作品的感受；

（3）提高审美能力，体验剪贴活动的乐趣。

游戏准备：笔记本电脑、背景音乐、《马蒂斯和他的剪贴画》《圣诞夜》《克里奥尔的舞者》

游戏玩法：介绍马蒂斯的生平，引导幼儿欣赏作品《马蒂斯和他的剪贴画》，初步感知马蒂斯作品的风格特点；引导幼儿根据图形的特点将其想象成海洋里的动物；引导幼儿欣赏色彩；引导幼儿欣赏马蒂斯的其他作品《圣诞夜》和《克里奥尔的舞者》，充分感受马蒂斯剪纸作品的独特美。

贴心提示

不会画画的家长如何对孩子进行美术启蒙？

最重要的一点就是“少评价，多鼓励”。与孩子平等地讨论，问问他为什么要这样画，为什么要用这种颜色。

因为孩子画画总是有他自己的想法和理由的，而且在画画过程中往往抓住一点而不顾其他。作为家长千万不要求全责备，不要在不经意中伤了孩子的积极性。

有一个孩子画自己的爸爸，把眼睛画得特别大，问他原因，他说爸爸很凶，常常瞪起眼睛训人，所以在他的印象中，爸爸就是这副模样。像这种情况，我们又有什么理由批评他画得不对呢？

现实中，家长自己会不会画画并不重要，关键还是观念的问题。作为父母不懂得画画并不可怕，可怕的是自己不懂却拒绝了解，或不懂就放弃参与和理解。只要能够多鼓励、多引导，让孩子尽情地表现其丰富多彩的内心世界，这样你对孩子的美术启蒙就已经做到位了。试问有几个画家的父母也是名画家呢？

3~6岁儿童学习与发展

父母大讲堂

——美感与表现

第二部分 表现与创造检验标准

美感是人在面对美的事物或者优秀的艺术作品时，所产生的一种直觉式的、愉悦的情感体验。幼儿对美的事物产生愉悦的、激烈的情感反应，这本身就带有艺术创造的性质。美感作为一种审美状态，是一种复杂的心理感受，涉及了对美的对象的感知、理解和想象。

美感的培养不仅要通过对美好事物的感受和体验，更要通过幼儿自身的创造和对美好事物的再现。审美教育不仅可以培养幼儿感受美、表现美和创造美的能力，而且更重要的是培养幼儿旺盛的求知欲，有独立的见解，尊重他人，善于合作，有创新意识等的主体性品质。

幼儿对于美的本能创作期是在1~3岁，在孩子一岁多以后，某天父母把一支笔和一张纸放到孩子面前，他们就会自己写写画画起来，那看似没有规律的线条和纹路却可以让孩子沉浸很久。假如你是一位聪明的家长，放任孩子的这些涂鸦你会惊奇地发现，孩子从不知所云的自主绘画到描绘自己的所知所想，这是一个没有人指导就可以悄悄进行的神奇过程。孩子们会先从人脸画起，一张大大的圆当脸、一个笔直的线条做身子，这种标准“蝌蚪化”的绘画过程，就像雨露滋润大地一样，静静地浸染着孩子们的艺术心灵。

这种浸润不是一种复制，而是一种创造。父母会在孩子们专注的表情和行为中发现他们今后专注工作和学习的身影，也会在他们描述自己的作品时感叹他们非凡的创造力和想象力。可以说，美育是关乎幼儿审美情趣和人性启蒙的一项艺术形式，如果家长可以很好地保护孩子的这种兴趣和能力，你会发现孩子的“悟性”比同龄的孩子高出一个层次。这就是美育的魅力！

自我表现是艺术的主要功能之一，这也是由艺术的各种特质所决定的。艺术是一种形象性的语言，幼儿思维的主要特点就是具体形象性，所以艺术的形象性特征便成为学龄前儿童表现自我的最佳方式。

艺术还具有愉悦功能，艺术的愉悦功能与幼儿的情绪、情感特点共鸣。艺术中蕴涵的丰富情感通过审美中介感染着儿童的心灵。幼儿的情感易于激发、易于表露，对喜怒哀乐都容易产生共鸣，所以他们总是以强烈的情绪去迎合绘画、音乐、诗歌、舞蹈和戏剧中流露出来的强烈的情感。

艺术允许儿童自由参与，并允许儿童自由发挥，这种开放性的特点给幼儿的自我表现提供了广阔的天地。它能接纳各种不同智力水平的儿童，给他们提供表现自我的均等机会，所以说艺术最能包容个性，也最能展示个性。

3 ~6 岁的幼儿好奇、好模仿，已有相当的表现欲望，而且更乐于参加一些直观性体验强的活动。每个孩子都有自己的表现力，它不是少数智商高、技能好的幼儿的专利，也不是可以用作品效果这一把尺子来衡量的。

艺术美的最大特点在于它的创造性，艺术家运用艺术手法创造性地反映生活。这就是说，艺术的美并不等于生活的真，从生活的真到艺术的美，要经过艺术家创造性的劳动。

在审美活动中，幼儿的表现力和创造力是大胆而又奇特的。孩子编的故事怪诞离奇，会令人目瞪口呆。游戏中的想象更为丰富，树叶、瓦片、小草在他们眼中简直是世界上最美的餐具和佳肴。儿童的画往往是造型夸张、构图出格、想象奇特，鱼可以游到天上，太阳、小鸟、云朵却画在地上。只有幼儿的纯真的心田，才能开放出如此绚丽的艺术之花。幼儿的绘画带着“稚气”“虚幻”甚至“荒诞”，这正是幼儿在绘画中创造的不同于成人的表现方法。

同时，幼儿的表现力和创造力又带有强烈的主观色彩，他们把自己强烈的感情直接注入审美对象，审美想象则随着自己的感情而变化。比如妈妈让孩子画一只小鸭子，可孩子画了四只。妈妈问他为何不按要求画，孩子却说：“一只小鸭子多孤单呀！许多小鸭子在一起玩才有意思。”孩子的回答说明他在画画时注入了自己的感情。

孩子们的内心世界是多彩多姿、天真烂漫的。在绘画过程中，他们会通过丰富的想象，把自己的内心世界用笔和色彩展现出来，这个过程其实也是幼儿想象力和创造力得到充分发挥的过程。当孩子们毫无拘束地把自己的思想和意愿表现得淋漓尽致时，他们参与活动的积极性也达到了最佳状态。

3～6岁的孩子有着强烈的好奇心、探索精神和想象力等基本的创造能力。这也是为什么毕加索说“每个孩子都是艺术家”，紧接着后面一句是“一旦长大后如何仍不失为艺术家”，这与席慕容女士的一本书《与美同行》中的一段描述的核心意义有着异曲同工之妙。书中说：“儿童美育的真正目的是让孩童拥有一颗柔软而又敏锐的心，透过这颗心，他才能充满自信地走进这个世界，才能领略和欣赏生活里种种奇妙有趣和美丽的现象，这些现象可能是色彩、线条，但更有可能的是一种与外界事物互相糅和的内心活动。美育的真正内容，其实应该是如何在老师、父母的引导下，让孩子通过创作或者欣赏的过程，在内心里产生欢愉和自由的感受……”

每个孩子都是艺术家，但愿他们长大之后，依然能够继续保持艺术家的灵性。每个孩子都拥有一个诗意的、童话般的美感世界，让我们教师、家长共同保护好这些孩子美丽的童年吧！

◆ 1. 衡量喜欢参加艺术活动并大胆表现的标准

艺术是表达自己认识和情感的重要方式，是情感启迪、情感交流、情感表达的良好手段，是对幼儿进行情感教育的最佳工具。

3～6岁幼儿的艺术活动主要有音乐、美术、文学等多种形式。艺术活动的情感性、愉悦性、形象性（视觉形象、听觉形象）、想象性、活动性符合幼儿的思维水平和认知特点，因此，每个幼儿都有参与艺术活动的愿望。

在日常生活中，父母若要注意观察便可发现，在没有心理压力的情况下，许多幼儿常常会在各种场合自发地、旁若无人地舞蹈、画画，并会长时间地陶醉于这种充满乐趣的想象活动中。

幼儿积极的情感体验和艺术活动的能力，是在大胆表现的过程中逐步发展起来的。在艺术教育活动中，应注重幼儿的艺术感受力和在艺术创造中的个性化表现。

幼儿的艺术表现力指幼儿通过认识和感受生活中的声音、色彩、符号、标记以及学习文学作品、音乐、舞蹈、美术等，运用多种方式，积极地、有个性地、创造性地表达自己所获得的情感和体验。

3~6 岁的幼儿能大胆地表达自己的情感、理解和想象。父母的作用主要在于激发幼儿感受美、表现美的情趣，丰富他们的审美体验，使之体验自由表达的快乐。在此基础上，根据幼儿的发展状况和需要，对艺术的表现方式和技能技巧给予适时、适当的指导。

父母要给幼儿一个自由宽松的艺术表现环境，赞同幼儿尚处于萌芽状态的艺术创造欲望和动机，能使幼儿出现更多的闪光点。

音乐是表现情绪、情感的最好方式。父母要积极地引导、支持、鼓励幼儿参加丰富多彩的音乐活动，这不仅能丰富幼儿的音乐经验和审美情趣，还能提高幼儿的音乐表现技巧和能力，培养幼儿活泼开朗的性格，增强幼儿的自信心和成就感。

著名的捷克教育家夸美纽斯曾说:“一切儿童都有一种要画图画的天生欲望，这种练习可以给他们快乐。”我国著名教育家陈鹤琴也曾写道:“凡属儿童都有绘画之兴趣。”的确，孩子是天生的艺术家，当他们还在牙牙学语的时候，就喜欢拿着一支笔，像个大人般的任意挥洒，用他们特别的图形符号来表达对世界的认识。

绘画是视觉艺术，其鲜艳的色彩、优美的造型、流畅的线条、和谐生动的景物都能唤起幼儿的情感共鸣和表现欲望。例如将幼儿带入预先布置好的“花灯展区”，幼儿会被五颜六色、形态各异的花灯所吸引，并情不自禁地将自己最喜爱的花灯描绘出来。同样，如果提供各种作画工具和材料，让幼儿到户外进行景物写生，幼儿也会被大自然中美丽的景物所陶醉，选择自己喜欢的绘画材料和表现方式，大胆进行表现。

幼儿所积累的对现实生活的感性经验和审美体验，是他们绘画表现的源泉。源泉一旦枯竭，幼儿就无内容可画，无内容可想，更无内容可创作了。因而在日常生活中，要引导幼儿多接触周围环境和生活中美好的人、事、物，通过各种欣赏活动，有意识地丰富幼儿的感性经验和审美情趣。例如引导幼儿观察、欣赏各种建筑物、花草、树木等的不同形态和色彩，感受环境和自然之美；引导幼儿欣赏服装、鞋帽、食品等，让幼儿感受生活之美；观赏玻璃、陶瓷、竹等各种材料制品以及各种画种，可感受艺术之美。通过各种审美感知活动，扩展幼儿审美环境，为幼儿的绘画表现提供源源不断的素材，同时，可进一步促进幼儿审美的感受力和表现力。

幼儿的绘画表现光有兴趣、表象和审美经验还不够，还必须具有一定的技能技巧。许多幼儿由于缺乏技能技巧而难以表现出自己的内心世界，从而失去绘画的兴趣和热情。为此，父母要及时根据幼儿的情况和需要，在绘画技能技巧上给予适当的指导，可以让幼儿在添画涂色的基础上掌握简单的形体组合，可以选择一些比较容易分辨出由某些图形组合的物体，如电视、汽车、小鱼、水果等，由此入手逐渐增加难度，让幼儿逐步学习细致地描绘物体。父母要让幼儿在自己原有的基础上循序渐进，不断提高绘画的表现能力。

一位哲人说得好：谁拥有自信，谁就成功了一半。幼儿积极的情感体验和艺术活动的能力是在大胆表现的过程中逐步发展起来的，而大胆表现的内在动力就在于幼儿的自信心。

缺乏自信的幼儿总是不能正确认识自己，总把自己跟表现力强的同伴加以比较，认为自己比别人笨，因而产生自卑感。父母要帮助幼儿正确地认识自己，发现自己的“闪光点”，并从他们的“闪光点”入手及时给予肯定和鼓励，不断强化其积极向上的心理，适当夸大幼儿的点滴进步，会使幼儿从不难获得的成功体验中获得自信，争取更大的进步。在这一过程中，父母要让幼儿不断体验成功的喜悦，使幼儿真正体会到“学会了”的欣慰、“成功了”的愉快和“我真棒”的兴奋。

有了自信的幼儿，就能主动参与艺术表现，对周围的生活环境美和艺术作品产生敏锐的感受力、欣赏力和表现力，能大胆乐意地用自己的方式来表达自己的情感、意愿和思想。

4岁儿童标准

标准内容

高兴的时候哼哼唱唱，或跟着别人唱唱跳跳；

经常涂涂画画，说出自己画的是什么。

3～4岁的幼儿具有了艺术表现的愿望，是幼儿音乐感受力和听觉能力发展的关键期。他们喜欢唱歌、做律动、自由自在地跳舞，喜欢敲打物品发出声音，具有一定的节奏感，能表演歌曲，简单地敲打、摆弄乐器。

这个年龄段的大多数幼儿都喜欢唱歌，哼哼唱唱是幼儿心理高兴时最常见的表现。但是父母要注意，孩子唱歌有自己的特点，让他们表演和教他们唱歌时都需讲究一定的方法。歌曲的内容要适合孩子的年龄特点和理解能力，不教孩子唱成人歌曲，尤其是爱情歌曲。要注意保护孩子稚嫩的声带，孩子唱歌的时间不能太长，一般连续唱歌不能超过五分钟，唱一会儿就让孩子的声带休息一下。不要教孩子唱复杂的歌曲，要选择乐句短小、音程跳动不大的幼儿歌曲给孩子唱，便于孩子换气和唱准每一个音。曲调起伏变化大或过高过低的音，孩子都无法唱出来，而且有损孩子的声带。

3～4岁的孩子能模仿一首歌曲中较长的旋律片断，并且开始尝试着伴随音乐“跳舞”。他们特别喜欢节奏鲜明的声音，随着音乐他们会自发地点头、跳跃、转圈、摇摆和摆动手臂等。在进行幼儿所喜爱的一些音乐游戏时，幼儿注意力集中的时间会明显增加，并能安静地坐着或躺着倾听音乐，每次都能持续几分钟，还能学会遵守简单的游戏规则。

这个时期的孩子喜欢鲜艳的色彩，逐渐从涂鸦期进入象征期，在绘画中会边画边讲，并常会对自己感兴趣的事物特征做过于夸大的表现。

3～4 岁的孩子在绘画中往往是从最熟悉或感兴趣的人和事开始。我们经常会看到孩子们愿意说自己的画，并且不厌其烦地向别人讲述画中的故事，包括每一个小小的色块，每一个线条都代表什么。

典型案例

4 岁零 2 个月的文文特别喜欢画画，他的画有一个显著特点就是造型夸张、结构奇特。妈妈发现文文往往不管什么比例、什么主次，爱怎么画就怎么画。他的画有比房子还高大的大吊车，有跑到天上去的小马，有拿着竹竿那样长的钢笔的爸爸。妈妈一看到文文的画就觉得可笑，甚至觉得不可思议。

案例分析

3～4 岁的儿童开始有意识地表现出自己对周围事物的认识。他们往往对自己特别感兴趣的部分加以夸张强调，其他的则一切淡化，比如画人物，孩子或许认为眼睛是最重要的部位，那么可以将两只眼睛画得很大，鼻子、嘴巴则画得很小。幼儿不同于成人，他们心中有一个儿童的世界，认为特别重要或最感兴趣的那些事物应该画得大一些。

因为3~4岁的孩子正处于从涂鸦期向象征期过渡的时期。象征期也叫“主观写实期”，是孩子通过稚嫩的双眼和充满了幻想的心灵对客观世界产生的纯粹自我的认识。孩子眼中的世界是他们主观的心灵世界，而不是我们看到的客观实在。同时，孩子又是通过这样主观自我的认识来表现外部世界中的事物的，此时的“写实”就不是我们理解的“准确再现客观对象”。这种表现与成人的色彩法则等经验技巧无关，而与通过眼睛传达到人们心灵的感受和最初的生活经验有关。

这个年龄段的孩子只画自己感到最重要的东西，他们是以自我为中心的。孩子的世界是由许许多多的东西组成的，他们是以自己的方式去看它们、表现它们的。父母不能抛开孩子的年龄特点，把大人的想法强加给孩子。

儿童的这种童心不仅表现在绘画方面，而且表现在文学、音乐、舞蹈、戏剧等方面。儿童唱歌时稚嫩的童声和在舞蹈、戏剧表演时一举手、一投足的稚气十足的动作，也都有着童心在里面。童心是儿童的天性，童心直接影响着儿童的艺术表现力。有童心就有艺术天趣，没有童心就没有艺术天趣，也就没有儿童的艺术。这可以说是儿童艺术的真谛。

3、4岁的孩子天生喜欢涂涂画画，他们会用一粒石子、一小块瓦片或者一小段树枝，在墙上、地上、沙滩上绘出自己心中的画。当父母用自己的形象思维去看3~4岁孩子的画时，会惊讶地发现，他们认为是“此”，孩子讲出的却是“彼”。事实上，“彼”与“此”的巨大不同就是孩子最可贵的地方，因为那里有孩子对外在事物超越形象的深层认识，更蕴藏着孩子宝贵的想象能力。

专家指导

幼儿期是儿童感觉敏锐、反应强烈、想象力极为丰富的时期，这一时期儿童的艺术创作是以自我为中心，受主观情绪支配的。他们对心中所想到的事物，往往按自己的主观意图加以表现，对自己认为重要的或注意到的事物特征加以大肆渲染、着重表现，而忽略他们认为不重要的或不受注意的部分。因此，他们常把外界给自己的强烈感受或自己认为非常重要的物体特征、事件情节等，用非常夸张、变形的手法表现出来。比如幼儿在做小朋友吃糖果的泥塑时，为了把吃的动作表现出来，就让小泥人咧开两排十分尖锐的牙齿；还有的幼儿因为自己个头矮取不到玩具，在做泥人时特意将两只手做得又长又大，以满足他们取物的愿望。又如在幼儿绘画的过程中，他们经常采用拟人化的手法，将太阳画成公公，月亮画成婆婆，星星画成喜欢和自己玩的小朋友，画中的植物、动物都能唱歌、跳舞。他们以稚嫩的手笔赋予世上的一切物体以生命和人的特点，充满了非凡的想象力和稚嫩的童趣，让人叹为观止。

父母要尊重每个幼儿的想法，肯定和接纳他们独特的审美感受和表现方式，放手让幼儿去想象和表达，分享他们大胆表现的快乐。

语言与图画是两个重要的符号，语言是会话语符，图画是形象语符，两者是相通的，它们所传递的都是知识、情感与语意的表达。在绘画活动中，我们可以充分利用这两种关系，运用语言讲述、故事表演等方式促进幼儿绘画的创新，同时也有助于提高幼儿的语言表达能力。因此，父母在教导儿童绘画时，应做到以下三点：首先，激发兴趣，让幼儿想“说”画；其次，培养自信，让幼儿敢“说”画；再次，训练思维，让幼儿会“说”画。

幼儿生动形象的讲述使稚拙的儿童画有了丰富的内涵。同时，幼儿在讲述图画的过程中，需要组织思维的条理性，提高言语表达的连贯性，以进一步发挥其想象。可以说，通过“说画”提高了幼儿言语表达的概括性和逻辑性，而通过表达又提升了幼儿绘画的内涵意境，推进了孩子创作的联想能力。

父母要专心听孩子“说”画，不要错过每一个细节，要重视他的心灵感受、想象力和表现力。大人忙了一天，回家就想清静一会儿，歇一歇。然而，对于小孩子来说，白天是满足好奇心的、令人兴奋的探索过程，回家后一定要告诉爸爸妈妈！于是，画画就成了亲子沟通的桥梁。

4 岁的浩浩刚等爸爸下班回家，就迫不及待地告诉他最近都画了些什么。他爸爸说：“大多数画的就是一天里发生的小事，他很注重每一个细节，我也能够从细节问题中感受到他的所思所想、快乐与烦恼，挺好玩的。”

画作是孩子无声的语言，当他们还无法以明确的语言表达自己心中想说的或是某种委屈时，可以借由不同的线条与色彩，以绘画代替口语说出来。

当你的孩子开始告诉你有关他的画的故事时，一定要全神贯注地听。你们的对话将会拓展他的词汇，还可以教会他按顺序讲述故事，这些对于他今后的阅读会起到决定性作用。如果他画一匹马站在田地里，可以问他马生活在什么地方，这将会使他想起马圈、马车等，有可能还会引出一个长长的故事。要知道，给孩子一点时间，就会成就一个快乐的、想法与众不同的人。

父母在听孩子说的过程中，要遵循两个原则：

第一个原则就是欣赏幼儿。每个幼儿都有自己发展的步调，有自己处理事情的策略，但得到了父母的尊重和欣赏，幼儿就愿意拓展自己的空间，发挥自己的潜能。如幼儿听到活泼、欢快的乐曲，会用各自不同的形式来表现音乐，有的幼儿翩翩起舞，有的幼儿找同伴随音乐一起做游戏，有的幼儿欢快哼唱，有的幼儿做忠实的观众，有的幼儿为同伴拍手鼓掌。父母充满喜爱地欣赏幼儿，幼儿的劲头就会更足，能大胆地表达自己的情感、理解和想象。

第二个原则就是鼓励幼儿。以音乐为例。在音乐活动中，父母要始终支持、鼓励幼儿的音乐表现。因为幼儿有自己的特点，他们的生活经验还不够丰富，对音乐的理解与感受还很肤浅。如在欣赏《狮王进行曲》前奏时，幼儿凭自己的感觉去理解音乐，有的讲乌云来了，大风呼呼地叫，要下雨了；有的说凶狠的老虎欺负小动物；有的说大灰狼在想坏主意等。父母要尊重幼儿的想法与创造，充分肯定幼儿独特的感受。

同时，父母要为儿童提供可以自由参与艺术活动的条件和机会，如经常利用身边的资源（如录音机、收音机、电视等）播放音乐作品，并鼓励儿童进行模仿、表现；为儿童提供必要的进行美工活动的工具和材料，放在儿童可以随时取放的地方；对儿童自发的涂涂画画、哼哼唱唱的行为给予鼓励，并经常邀请他们进行美术创作和唱歌、表演；经常和儿童一起画画、制作、唱歌、跳舞，用自己的行为感染和带动他们。

亲子游戏

游戏名称：找影子

游戏目的：找影子是一个妈妈和幼儿一起玩的游戏，可以锻炼幼儿的绘画和想象能力，并可以让幼儿感受到游戏的快乐。

游戏准备：白纸两张、笔、手电筒、椅子

游戏玩法：告诉孩子今天玩的游戏特别有趣，我们要拉上窗帘在黑屋子里玩。让孩子坐在椅子上，把大白纸贴在孩子身后的墙上，打开手电筒，让孩子的身影映在白纸上，用笔把孩子影子的轮廓画下来。妈妈和孩子轮换角色，让孩子来画妈妈的影子。玩手影游戏。妈妈教宝宝做小兔、老鹰、狼头等手影，也可以让宝宝自己做一些他喜欢的动物的手影。

指导建议：在晴朗的天气里，可以带幼儿到室外找影子玩。让幼儿体会太阳光与影子的关系，知道物体挡住光线就会出现影子、影子的长短与光线照射的角度有关。

游戏名称：娃娃树

游戏目的：培养孩子初步的绘画线条能力

游戏准备：很大的白纸若干张、蜡笔

游戏玩法：先和孩子在镜子面前照一照，摸一摸脸和手脚，感觉一下自己的身体；告诉孩子我们要画一个跟他一样的小朋友，鼓励他躺在白纸上，然后妈妈用蜡笔沿着孩子身体的边缘画，描绘出孩子的外形。

妈妈将这张大纸娃娃用胶带贴在墙上，和孩子一起找孩子的照片和他喜欢的作品贴上去，或一起讨论孩子喜欢的人或物，然后画上去。最后写上孩子的出生年月日，就完成一张属于孩子自己的娃娃树了。

贴心提示

儿童简笔画不可取

简笔画是通过目识、心记、手写等活动提取客观形象最典型、最突出的特点，以平面化、程式化的形式和简洁大方的笔法，表现出既有概括性又有可识性和示意性的绘画。

简笔画教材早在半个世纪前就已被世界各国所摒弃，因为它的弊病太多。

首先，简笔画是一种定型语言，一旦让儿童照抄，代替了他们对周围事物的观察、思考和想象，久而久之，就会使儿童失去感受事物的敏感性。而这种感受恰恰是美育教育的重要基础。

其次，儿童在临摹简笔画后，感到它比自己凭空想象的画更像，于是产生了眼高手低的毛病，对自己的独创缺乏信心和兴趣。不少孩子只会画临摹过的东西，离开范本则困难重重。

再次，简笔画使儿童的绘画模式化，没有情感因素的积累，使孩子的画千篇一律，扼杀了儿童个性的发展。

最后，简笔画对儿童的创造性具有致命性的打击。

临摹的方法固然简易，容易掌握，但教出来的孩子是机械的、工匠样式的，相信每个父母都不愿看到这样的结果。

5岁儿童标准

标准内容

- 乐于参加唱歌、律动、舞蹈、表演等集体音乐活动；
- 乐于在画画、手工制作、游戏等活动中表现自己的所见所想。

5岁幼儿对集体行为的有意性增加，喜欢和同伴一起玩，喜欢参加集体音乐活动。唱歌、律动、舞蹈、表演使幼儿在唱一唱、跳一跳、玩一玩的音乐活动中，体验音乐、感知音乐，获得相应的音乐知识和技能，接受美的熏陶，进而萌发幼儿感受美、表现美的情趣。

美术活动对这一年龄段幼儿身心的发展有极其重要的作用，这是由幼儿的年龄特点及幼儿特有的表现力决定的。而绘画是美术活动中非常重要的组成部分，是幼儿表现自己对周围环境、事物的感受和内心意愿的最主要的表达方式之一。孩子们都愿意用画来表现他们的所见、所想、所闻，表现他们所喜欢的和厌恶的。幼儿绘画不同于成人绘画，幼儿绘画中蕴涵着孩子对身边事物天真而又充满快乐的热情及感受，反映出他们幼稚而又充满大胆想象的想法。

这一年龄段的幼儿在画画的时候，不仅画自己所见，而且画自己所想，他们往往善于把自己的想法、情感都融入到画当中。儿童的绘画是一面小镜子，折射出孩子的内心世界，这是成人更应该关注的。孩子的喜悦、孩子的苦恼，往往在画画中都有所表露。

5岁幼儿开始把生活中所见、所想的直接感知的东西，通过手工制作表现出来，如剪纸。幼儿在这个时期能剪出比较整齐的物体形状，把纸片折叠起来剪图案，打开纸能出现图案形状，像三瓣或多瓣花，各种形状的树、车、房屋等。他们喜欢用泥捏团，搓些水果、小动物或人物等，在玩泥的过程中也会使用一些辅助材料，做进一步的加工。

游戏是幼儿最喜欢的活动。幼儿游戏绝不是单纯感觉上的快乐，而是伴有生命充实感的快乐。5岁幼儿能把自己在游戏中的所见所闻和感受体验表达出来，这个年龄段的幼儿乐此不疲地再现他们生活中的所见、所闻、所想、所做，游戏场面生动而丰富。幼儿的表现非常投入并富有创造性，父母要鼓励幼儿将自己所想的大胆表现出来。

典型案例

5岁的里拉喜欢唱、跳、表演各种音乐活动，妈妈希望她参加音乐班，但是当一家三口满怀兴奋地赶到学校报名的时候，里拉突然像变了一个人似的，安静地站在妈妈身边，眼睛四处打量着，任凭老师点头哈腰，小朋友们热烈欢迎，她都始终不肯迈出一步。“我不想唱歌跳舞了……”最终，她嘴里咕哝着，然后就把爸爸妈妈晾在原地，一溜烟跑出了学校。

案例分析

5岁孩子的心灵是非常敏感的，不少家长要孩子参加艺术学习，往往是突然袭击式的，孩子毫无思想准备，缺乏对艺术学习的认识，很难一下子接受。家长要他们规规矩矩地学琴学画，孩子的心理压力就很大，容易生成一种生理疲劳和心理疲劳，从而失去良好的心境和乐观的心态。本来充满审美趣味和艺术享受的艺术学习，却变成了诚惶诚恐的苦差事。

还有些儿童在艺术活动中有一种“社交恐怖”。害羞、沉默、孤独，他们对自己的神态举止特别敏感，表情和行为极不自然，而且夸大自己的恐怖情绪和紧张意识，从而使自己更加的恐惧和紧张，以致难以参加艺术活动。艺术活动基本上是社会性活动，儿童对社交有恐惧感，就不能合群，更谈不上在活动中表现和提高自己的艺术才能。

专家指导

儿童由于对艺术活动不适应，认识和接受程度较差，因此情绪就不舒畅，有一种压抑感。要排除这种压抑感，改善情绪，就要从儿童的生理特点出发，采用儿童喜欢的活动形式，这要首推游戏。5 岁的孩子对游戏最感兴趣，而游戏又是增长这个时期儿童的艺术知识，诱发他们艺术思维能力和想象能力的最好途径。

通过游戏，儿童原有的压抑感自然而然地得到疏通，惴惴不安的情绪得到缓解，并且能够有效改善他们的人际关系。特别是艺术性游戏，也是一种艺术活动，儿童在这种游戏中既能尽情玩耍又能接触到艺术，能加强儿童对艺术的好感，激发其学习欲望。

有的儿童在艺术活动中容易感到紧张，一直处在焦虑的状态，排除这种障碍主要是让儿童在焦虑的情境中学会放松，达到舒适的状态。例如有的儿童害怕上台表演，可以先让他对两三个人表演，等他的紧张感有所减轻了，再增加人数，这样他就会逐渐适应公众场合，胆子变得大起来。另外，排除儿童上台表演的紧张和焦虑，还可以让儿童在安静的环境中坐一会儿或站一会儿，肌肉放松，使全身得到放松和宁静。

对那些胆小羞怯、不太愿意参加集体音乐活动的幼儿，父母要经常鼓励他们大胆表达自己的意愿和要求，并给他们制造表演的机会，让其充分展现自己的能力，增强其信心，如让孩子邀请或提出和哪些同伴在一起唱歌、表演等。对那些参加音乐活动很积极的幼儿，家长一方面要给他们提供足够的时间和空间去表演，另一方面要引导他们学会去接纳别人，带动其他同伴一起参与。

唱歌、律动、舞蹈和音乐游戏、音乐欣赏等活动共同构成了完整的幼儿音乐活动，既相互联系，又相互独立。父母不应局限于一种音乐形式，只要幼儿感兴趣，父母也可以将律动和歌曲、音乐欣赏结合起来。父母要让幼儿在艺术活动中充分地表达自己的感受、真实地去体验，让幼儿尽情地表现。

对儿童自发地进行美工活动或音乐表演的行为，父母要给予支持和鼓励，让儿童可以反复地唱自己喜欢的歌或画同样的画；仔细聆听、观看儿童的歌唱、表演、制作的作品和他们的介绍，用赞许的眼光、话语、动作等回应儿童，如在歌唱时为他们打拍子；不对儿童的表现和表达提出统一的要求，和儿童谈论他们的表演和作品时鼓励他们说出自己的想法和做法，尽量具体地用自己的感觉来赞美他们的作品（如你的画用了这么多红颜色，就像过年一样热闹），不用准不准、像不像来评价；对不敢表现的儿童给予理解，通过成人或同伴的大胆表现和不断的鼓励来慢慢影响和带动他们。

称职的父母有时是幼儿艺术活动的引导者，有时是幼儿艺术活动的参与者，而最本质的身份应该是幼儿艺术表现的欣赏者。在幼儿家庭艺术教育活动中，幼儿最需要且最有利于他们学习的，是父母可亲可敬的参与行为，是父母永远伴随他们的鼓励和关怀的欣赏态度。

而在传统家庭教育中，父母是幼儿艺术表现的冷面裁判员，严肃地鉴定着幼儿的好与坏、对与错、是与否。既然是作为裁判，父母就不可能是幼儿艺术活动的直接参与者，而只能是袖手旁观者；父母就很难是幼儿艺术表现的热情欣赏者，而只能是权威的评判人。父母若以旁观者的姿态出现，就等于在暗示幼儿，他们之间必须保持距离；父母若以权威者的姿态出现，就等于在告诉幼儿，他们就是“唯一正确的答案”。

事实上，在幼儿家庭艺术教育活动中，称职的父母从不把自己确立为唯一正确的标准，不故弄玄虚或急于向幼儿施展自己的才华，不急于要求幼儿仿效自己，并试图使自己成为幼儿顶礼膜拜的对象。他们会提出一些并不一定有唯一正确答案的问题供幼儿思考，并鼓励幼儿亲自探索与切身体验。当觉得有必要指出幼儿的不足时，能让他们感到父母是在指出一个更为有效的方法，而不是在责备一个无伤大雅的错误。

在艺术教育活动中，我们说父母以欣赏者的角色出现在幼儿面前，包括了两方面的意思：其一，父母能与幼儿一起共同欣赏艺术，并产生情感上的共鸣；其二，父母对幼儿的参与和表现，自始至终能保持一种欣赏而不是挑剔的态度。可以想象，能真正做到这两点的父母即使他们的艺术专业水平不是一流，在幼儿心目中他们也绝对是一个高水平的父母。当然，称职的父母同时也会注意，不一味地持欣赏态度而牺牲任何标准，甚至是倒退到一种完全不加批评的和谐态度里去，给平庸的艺术成绩以不诚恳的赞扬。

有的父母觉得孩子只有受到表扬才能更好地学习艺术，以画画为例，不论他画的什么，画得怎么样，父母都一味地夸奖，结果适得其反。小孩觉得这类表扬给自己的压力太大，实在受不了的时候，他们可能就会开始糊弄你，比如一天画几十张“一钱不值”的画。

因为在艺术中无所谓对与错，所以孩子可以通过一系列的实践，如坚信自己的判断力、作品的自我评价等，培养其自尊心。同时，绘画艺术还是孩子仅有的、不依靠成人帮助，从而进行自我探索和创造的领域之一。让孩子在适度的评价中生活，你会发现他将神奇地自我成长。

在幼儿家庭艺术教育活动中，父母需要做的是拾起自己遗失已久的童心，去理解、赏识和接纳幼儿自己的表现方式，鼓励幼儿用不同的艺术形式大胆地表达自己的情感、理解和想象，肯定和接纳他们特有的审美感受和表现方式。这样父母就会和孩子们一起徜徉在充满童心、童趣的艺术海洋里，而不会总是被“我要不要教他”之类的问题所困扰。

幼儿其实并不缺乏艺术表现的技巧，只是我们成人往往缺乏像艺术大师毕加索那样卓尔不凡的眼光，不知道怎样去接纳和赏识甚至去学习他们独特的艺术表现手法。我们常常用自以为是的、成人化的、标准化的技能技巧去限制、否定幼儿独特的表现方式，使幼儿由一个充满创作热情的天才艺术家，变成一个毫无自信、缩首畏尾、机械、被动、拙劣的模仿者。

善于解读儿童的艺术作品，包括幼儿音乐活动中的动作、表情、声音、姿势，还包括幼儿在美术活动中的绘画、泥塑、粘贴等。尤其是绘画作品，更是幼儿表达自己对周围事物的感受和内心意愿的最主要方式，幼儿愿意甚至是无意识地用“涂鸦”来表达自己的所见、所想、所感，这几乎是每一个孩子的天性。因此，绘画亦被称做“儿童的第二语言”，这种语言表征了儿童对外部世界的感知、理解、建构，以及他们内心的情绪情感波动。也许这种感知、理解和建构在成人看来是那么的混沌和不清楚，甚至是不合乎逻辑的，但它却是儿童作为一个人的本质力量的充分展示，代表了儿童对他周围世界的初步认识和把握。

对于孩子来说，画画是不依靠父母帮助的，进行自我探索和创造的领域之一。孩子的画是他情绪的反应和创造力的体现。专家指出，知识可以教，但创造不能教，但偏偏有的父母在家庭教育过程中，轻易地就用几句话扼杀了孩子画画的天分和积极性。

父母要经常用欣赏、鼓励的语言来增强他们的自信心，从而激发他们参与活动的积极性。幼儿美术创作的主要特征是表达自己的稚嫩而纯真的内在情感，因此父母的评价方法对幼儿的想象和创造的再现与诱导很重要。首先，不能简单地用“再现、写实、逼真”这样的标准来评价幼儿的美术作品，而应从创造的新颖性、独特性以及绘画技能的表现等方面来评价。其次，对作品的评价应注意幼儿的个体差异，不宜采用幼儿与幼儿之间的横向比较，而应从其个人的发展水平来评价。再次，尽量从正面评价所有幼儿的作品，千万别说“一点也不像”或类似的话。因为童年时代特有的想象、创造能力一经压制将很难再萌发，所以不管幼儿画什么，老师和家长都应鼓励幼儿独立想象和创造，尽量要与众不同，尽可能充分地发挥其想象力。因为一件作品在成人看来或许没什么，而孩子却是认真的。

对于幼儿来说，优秀的绘画作品应具备以下几个条件：(1) 作品表现出丰富的内涵及想象力；(2) 作品有幼儿自己的生活感受和生活情趣；(3) 会使用基本的绘画技巧。根据这些要求，父母在评价中应采取积极、亲切、和蔼的态度，善于发现幼儿作品中表现出来的稚拙的个性特征，站在幼儿的角度来理解幼儿在绘画中所传达的内心世界，鼓励和激发幼儿的表现欲望。

一句话能点亮孩子的艺术人生，一句话也能泯灭一个绘画天才，关键看你怎么说。不要去猜你的孩子那辨认不清的画是什么，而要提问一些开放式的问题，如“你能告诉我画里面的小秘密吗”或者“你是怎样就选择了这些颜色了呢”，而不要以“像不像”去评判一幅画。如果父母太执著于绘画结果，并对技巧过于紧张，只求画得像，就会忽略了最珍贵的原创性（孩子天然所拥有的），这也正是毕加索等绘画大师毕生追求的那种状态。

可以说，善于揣摩幼儿绘画的父母，必定是善于解读幼儿心灵的父母。一个与幼儿心灵相通的父母，必定会以尊重的态度、欣赏的眼光去肯定和接纳、鼓励和支持幼儿的艺术表现，并在此基础上促进幼儿的发展。

车尔尼雪夫斯基说过：“美在生活。”要引导幼儿在生活中发现美、欣赏美。生活在幼儿的眼里是常新的，有了生活，孩子就有了欢乐；有了生活，艺术家就有了常青树。美的东西是无所不在的，自然界的一草一木、一山一水、鸟语花香、音乐的节奏感、舞蹈的造型、各种各样的建筑物……大自然、社会为幼儿展示了具体、形象、生动的内容，为培养幼儿的创作兴趣、掌握知识方法和获得对周围世界的感性认识提供了天然的素材、父母要引导幼儿把所见所闻、所想所思用艺术的形式表现出来。

亲子游戏

游戏名称：音乐游戏“照镜子”

游戏目标：培养幼儿的集体活动能力、反应能力与表现能力

游戏准备：立体镜框（可用积木搭）

游戏玩法：父母邀请幼儿的三个同伴一起来玩。父母先放一段乐曲，引导幼儿跟随音乐节奏做动作。父母要注意观察幼儿的动作，请做得好的幼儿站在最前面，使那些暂时想不到动作的幼儿有所借鉴。然后，父母出示镜子，开始玩“照镜子”游戏，两人一组。一个人装扮成照镜子的人，编动作，另外一人装扮成模仿的人，并让幼儿自己商量扮演角色、交换角色。

指导建议：此游戏注重幼儿大胆想象与表现的能力，而不在于追求动作的完美。随着幼儿对游戏的熟悉，父母可引导幼儿提高动作的美感。

贴心提示

怎样发现孩子的艺术特长

3~6 岁不仅是开发幼儿智力潜能的最佳时期，也是促进幼儿健康发展的关键时期，更是增进幼儿品德的奠基时期，还是培养幼儿艺术特长的敏感时期。艺术特长是后天培养出来的，家长要善于发现孩子的兴趣爱好，根据孩子的兴趣爱好来培养孩子的艺术特长。那么，家长该怎样去发现孩子的兴趣爱好呢？

1. 与同龄孩子相比较发现优势

根据美国著名的哈佛大学教授加德纳提出的“多元智能理论”，虽然每个人都存在着八大智能，但这八大智能并不是平衡发展的。每个人都存在着某些领域的优势，开发优势领域的潜能事半功倍，更容易获得成功。因此，家长可以通过与同龄孩子来比较，发现自家孩子有哪些优势。通常来说，优势反映了孩子的天资禀赋，孩子感兴趣，天分较足，就会乐学易学。

2. 从孩子关注的节目发现兴趣

电视节目声色并茂、直观形象，能使人获得声色之美、视听之妙的感受，由于幼儿的具体形象思维占优势，通常喜欢观看电视节目，不少幼儿

甚至迷恋电视。家长可以在陪同孩子观看电视节目时，观察孩子对哪些艺术领域的电视节目感兴趣，比如唱歌、舞蹈、绘画、武术、手工等，比较孩子关注的时间长短、兴奋程度高低、模仿行为的多少。一般而言，关注的时间长、兴奋程度高、模仿行为多的节目就是孩子的兴趣领域，反之则不是。

3. 培优班观摩选择艺术领域

孩子到了合适的年龄，家长就可以带领孩子去观摩培优班的各种艺术活动，特别是有幼儿训练的艺术活动场景，观察孩子喜欢什么样的艺术形式，对哪些艺术领域感兴趣，必要时可以让孩子尝试体验一下训练活动，让孩子自主选择他们感兴趣的培优班。

6岁儿童标准

标准内容

积极参与各种音乐活动，能与别人配合，也能独立表现；

积极主动地参加多种美工活动，并能自由表现。

幼儿音乐是表现幼儿生活、情感的一门艺术。6 岁的儿童喜欢在唱一唱、跳一跳、玩一玩的过程中，体验音乐、感知音乐。6 岁的儿童活泼好动、思维具体、模仿力强，音乐丰富的内容、活泼的节奏是这一年龄段儿童感兴趣、易于接受的一种美育形式。

6 岁的幼儿已有了较强的表现意识，能较熟练地应用一些简单的表现技能，对歌曲的形象、主题、情绪的体验和理解能力有了进一步的发展。因此，他们已能运用声音的变化来表达感情。这时，他们已能较好地唱出歌曲中速度和力度的逐渐变化，能唱好中等速度、力度的歌曲，能唱出歌曲中的跳音、顿音、保持音和连音。但这时的幼儿也容易形成一些不好的习惯，如过分夸张地唱下滑音、过分夸张地使用气声、过分剧烈地晃动身体或头部，做出不自然的脸部表情和身体姿态等。

6 岁的幼儿已有了较强的合作协调意识和技能。在音乐活动中，他们不仅能较多地注意到声音表情上的整体协调性，而且也能产生较多的情感默契和共鸣；不仅能比较自觉地监控自己的声音，也会比较敏感地注意到集体歌声中的不协调因素及其产生的原因。同时，他们还能基本掌握独立的对唱、接唱、领唱、齐唱、轮唱及简单的二声部合唱等歌唱表演技能。在韵律活动中，他们能够完全不借助语言而迅速地找到舞伴，而且也不拒绝别人的邀请；他们能学会运用自己的动作方式与同伴相配合，能学会在共同活动时与同伴共享空间与其他条件等。在演奏活动中，能学会在许多声部合奏中主动地关注整体音响，并努力保持整体音响的协调性；能迅速理解各种指挥手势并积极准确地做出反应。在担任指挥时，能以明确的手势和脸部表情、体态表情等与演奏者进行积极的情感沟通，并以此调动演奏者的情绪以及合作表现的热情。

6 岁的幼儿特别热衷于参加各种美工活动，因为这能使幼儿按照自己的意愿和兴趣来表达自己的体验和情感，能使幼儿有一个自由的时间和空间施展他们的才能、发展他们的个性，能使幼儿获得更大的乐趣和满足。幼儿很容易对美工活动表现出自发的热情和兴趣，这种自发的兴趣往往带有情绪色彩。他们大胆、浪漫、无拘无束地表现童心、童趣，通过参与美工活动表达自己的感受与体验。

孩子感知了外部世界，会产生表现的欲望，他们看见什么都想说出来。随着年龄的增长，他们的表达方式越来越多，念儿歌、唱歌、跳舞都可以表达他们的心理活动。而对孩子来说，美工是把具有内涵的东西表现出来的极好形式，幼儿的美工反映了他们心理发展的水平，表现出一种天真无邪的稚拙美，并因而充满了魅力。

典型案例

以下是两位妈妈在家庭艺术教育活动中的不同做法：

盈盈今年6岁零2个月了，妈妈是舞蹈团的演员，天天晚上都会教她学舞蹈。虽然如此，盈盈却变得特别不爱学舞蹈，每天必须让妈妈看着，她才能学一会儿。

元元今年刚刚5岁，妈妈每个周末都让元元和他一起准备午饭，这次妈妈让他撕面条。元元的兴致很高，十分投入。过了一会儿，妈妈发现元元把面撕成一块一块的，并不是面条。妈妈很奇怪，就问他做的是什么。元元马上说："妈妈，我在撕面片。""妈妈刚才不是让你撕成面条吗，你怎么撕面片呀？"元元回答："可是我就想撕面片。"妈妈接纳了他的做法，又引导他："你的面片还能撕成什么形状的呢？"妈妈撕了一个三角形，元元马上就明白了，自己撕了正方形、圆形等，尽管他没有撕面条，但是他在自己原有的基础上提高了、进步了。

案例分析

正是盈盈妈妈的"教"，把孩子学习艺术的兴趣给"教"没了。其实孩子天生爱唱歌、跳舞、画画，是不用我们去教的，我们也没有资格来教孩子。成人的“教”只会给孩子锁上一个框框，牢牢束缚住孩子的思维，钳住孩子想象的翅膀。

孩子的想象和创造来源于家长的理解和接纳，元元的妈妈适时倾听了孩子的真实想法，并承认了他想法的合理性，在接纳他的同时又巧妙地进行引导，使元元有了更大的创造。父母的作用就在于真正地接纳并适时地引导幼儿。

在6岁以前，孩子对艺术的感受力、表现力、兴趣才是最重要的。虽然此时孩子的动作笨拙，没有专业学习过的孩子跳得那么到位，但孩子可以无拘无束地表达、感受和表现，这就足够了。父母不要为了让孩子学一些舞蹈动作和技能而失去他们最宝贵的表现力，所有的技能在6岁以后，孩子更能轻而易举地学会，然而表现力却是学不来的。很多孩子上了舞蹈培训班之后，是学了不少专业动作，但是他们的表演机械、表情呆板，脸上的微笑都是硬生生挤出来的，沦为了跳舞的机器。

孩子不需要我们“教”，但并不是说我们可以不管，成人要和孩子一起享受探索和学的过程。成人要为孩子的“学”准备一个自由、宽松、符合孩子年龄特点的环境，给孩子的东西一定要是准确的，不能给一些错误的东西。

孩子对某一事物发生兴趣时，成人要准确地把和这一事物相对应的概念告诉孩子，让“概念”与“事物”配对。孩子发问的时候，就表示孩子在思考，这正是绝好的教育机会。

专家指导

实际生活中，许多父母感到困惑：在艺术教育中，有关的技能技巧是不是就不用教了呢？一教不是等于告诉孩子了吗？幼儿艺术教育不是说完全不需要技能技巧，而是要在适当的时候以适当的方式去教给孩子。而技能是为幼儿能更好地表达和表现自己的愿望服务的。父母要善于给幼儿创设一个宽松的环境，让他们在探索中积累经验，并在他们对学习艺术技能技巧产生需要的时候运用观察、体验、联想等方法进行启发，这样就会收到事半功倍的效果。

读懂孩子的内心世界是一个很大的命题，“懂”孩子是教育孩子的开始，如果我们不懂孩子，那么我们给孩子实施的“教育”对孩子而言就是一场灾难！谁对3～6岁阶段的孩子影响最大呢？是父母。父母对孩子的教育占着绝对的主导地位，是任何人、任何机构都不可比拟、无法替代的。

不少家长容易犯“好为人师”的毛病，不懂美术的敢教孩子画画，不懂乐器的敢对孩子拉琴指指点点，不懂舞蹈的敢对孩子的舞姿评判一番……不管做什么，成人总会觉得自己比孩子高明。

孩子有自己的思维方式，家长指导过多，就会让孩子丧失自己思考的能力，依赖于大人的指导，因此家长要停止一切不必要的帮助。当孩子学习艺术遇到困难时，不要过早介入，要按捺住想伸出援手的冲动和欲望，先在旁边观察、耐心等待，看孩子怎么解决。如果孩子哭闹，这是正常的，说明孩子想自己解决而不是放弃。这时，家长要鼓励孩子自己找出解决问题的办法，可以轻轻地和孩子说：“这个有些难，但妈妈觉得你能行。”要允许孩子犯错，允许孩子失败，因为正是一次次的错误，让孩子从中总结出了正确的方法。

当然，并不是在什么情况下家长都不要去帮助。当孩子经过努力尝试难以达到目标并且主动向你请求帮助的时候，家长还是应当适当地介入，给予孩子应有的支持。

孩子不需要我们教，家长是不是就可以什么都不管呢？不是的。如果家长什么都不管，就如同农民对地里生长的秧苗遭遇了大量的杂草而任其自生自灭一样，那是种不出好庄稼的。

父母需要创设一个有准备的艺术环境，这个环境应该自由、宽松、符合孩子的年龄特点。父母要善于发现孩子的兴趣所在，根据孩子的兴趣创设环境，简单地说，就是让孩子在适合的时间做适合的事，这个适合就是以孩子的兴趣为标准。举例来说，就是孩子喜欢画画，家长给孩子提供专业的笔、颜料和纸，不能因为孩子小、怕浪费就买一些便宜的纸，或者为省钱买一些小张的纸，这样会局限孩子的思维，影响孩子绘画的感觉；孩子喜欢音乐，就给孩子听各种经典的音乐，各种乐器演奏的、各种风格的音乐；孩子喜欢舞蹈，就给她看优美的舞蹈，给她提供各种颜色的纱和布料（让她装扮自己，当做舞蹈服装），以及当她最忠实的观众。

父母要尊重孩子所做的努力，尊重孩子的劳动成果，哪怕这个结果不太完美甚至有些糟糕。在孩子看来，不必要的帮助等于成人在对他说，你不行，我帮你。这样他不会认为你在帮助他，而感觉到的是你的不信任和轻视。孩子只有通过自己一次次错误和失败的尝试进而解决问题后，才能得到自豪感和成就感，进而建立自信，这比成人对他泛泛地说“你真棒”要有用得多。

因为每个孩子都需要尊重，都想得到成功的满足感。幼儿一旦受到尊重，就会产生一种良好的自我感受，形成一种积极、主动的心态。因此，父母在日常生活中时刻都要注意，无论你有多忙，都要表现出对孩子的关注和重视。父母要以艺术活动为起点，尊重幼儿的艺术表现，帮助幼儿成为艺术活动的主人。

亲子游戏

游戏名称：鱼儿鱼儿水里游

游戏目的：培养孩子音乐活动的合作能力

游戏准备：一块空场地、录音机

游戏玩法：家长跟孩子念着儿歌、唱一条鱼的时候，妈妈装成小鱼的动作游来游去，表情很是难过；唱两条鱼的时候，宝宝装成小鱼游到妈妈身边打招呼；唱三条鱼时，爸爸装成小鱼游过去，"三条鱼"一起拉起手，同时高兴地屁股撅起扭来扭去，最后可以跟着音乐的旋律三个人一个接一个拉着前面人的衣角，第一个人带领全家一起快乐地"游来游去"，直到音乐终止。

儿歌如下：

一条鱼，游啊游，游来游去真孤独；两条鱼，游啊游，吐个泡泡打招呼；三条鱼，游啊游，摇摇尾巴跳个舞；许多鱼，游啊游，快快乐乐一起住。

游戏名称：手指印画

游戏目的：训练孩子手指的小肌肉动作，培养孩子的想象力和创造力

游戏准备：印泥（或颜料）、大白纸一张

游戏玩法：请孩子伸出小手，家长带领孩子一起观察一下自己的手，然后由家长先示范，分别将5个手指沾上印泥（或颜料），一一盖在白纸上，让孩子再观察指印的模样。接下来，家长让孩子盖上自己的指印，与大人的指印作比较，看看有什么不同。家长可以让孩子用一个或多个指印去构图、添画。比如一个指印经过添画可以变成小鸡、小鱼、小乌龟、小树等，多个指印经过添画可以变成梅花、云彩等。

指导与建议：孩子的印画完成后，家长可以让孩子说说画的是什么，并要求孩子为手印画起个名字。家长可以和孩子共同作一幅画，把画布置在家里，让孩子体验成功带来的快乐。

贴心提示

解儿童手指画

儿童手指画，Kids fingerpaint，发端于当今世界上备受推崇的意大利瑞吉欧（Reggio Emilia）儿童教育体系。瑞吉欧教育被美国《新闻周刊》评为“全世界最好的教育系统之一”，其独特的艺术魅力和早期启蒙的独特效果，在短短三十年内流行欧美。儿童手指画成为欧洲家庭儿童游戏和幼儿园教育不可或缺的组成部分，故有“在欧洲，每个孩子的第一张画都是手指画”的说法。

儿童手指画为什么会受到青睐？正是由于它在儿童成长的过程中扮演着不可或缺的角色，国外教育专家发现，儿童手指画作为一种载体，有着激发宝宝想象力和创造力、帮助家长去解读宝宝内心世界、培养宝宝的专注力及其自信与乐观的性格等一系列神奇的功效。

手指是孩子的第一支画笔，涂鸦是孩子的天性。手指画适合学前儿童的生理发育特点，在儿童手部小肌肉和神经系统发育还不完善、儿童还不能完全学会握和精细动作之前，小手已经是孩子的第一支画笔。而如果在涂鸦期能够为孩子创造良好的涂鸦环境，不仅能够更早更好地培养孩子的艺术天分，更重要的是能极大地促进孩子的大脑智能发育、手眼协调能力和审美水平的发展。因为绘画不仅仅是艺术，更是孩子表达自我的语言。

儿童手指画简单好玩，宝宝特别容易上手，不用学习什么复杂的绘画技法，学习容易，所需要的工具和材料很简单，只要专用手指画颜料再加上专用的印台、调色板，最好再配上工作罩衫、袖套和指导画册就行了。国内已经出现非常不错的套装产品，可以省却父母的很多麻烦。

◆ 2. 衡量能用不同工具、材料、声音等进行艺术探索与创造的标准

孩子从降临到世上的那一刻起，就对周围的世界感到好奇，在他们内心深处对周围世界有着一种追求和探索的愿望。刚出生的婴儿会用眼睛去观察周围的事物，用小手去触摸身边的东西，用小嘴去吮吸品尝食物的味道，用耳朵去倾听来自不同方向的声音，这些虽然只是单纯的感觉，却也是孩子在探索世界的过程中迈出的第一步。

随着年龄的增长，孩子就会产生摆脱各种束缚和依赖的独立倾向，他们会越来越喜欢探索活动，努力在生活中寻找问题的答案，这是儿童心理发展的正常现象。其实，孩子在参加探索活动的过程中，不仅得到了探索的乐趣，而且思维能力、创造力都得到了发展，因此父母一定要重视孩子的探索精神。

幼儿同样具有强烈的创造欲望，受这种欲望的驱使，他们不停地进行各种寻求和探索。幼儿本性中潜藏着的这种强烈的创造欲望，只要父母注意诱导，并放手让幼儿实践和探索，就会培养出创造力。创造从哪里来，它来源于幼儿的探索，来源于幼儿动口、动脑、动手的艺术实践。

幼儿的探索行为随时可能发生，每个人都是自己生命的创造者，孩子的自由情感在艺术探索中得到抒发，会成为其寻求独立及自我探索的内在动力，是孩子自主学习的开端。同时，这也会让孩子逐渐形成自信与个人的独特性。

著名儿童教育家陈鹤琴先生曾说过：“凡是儿童能自己做的就让他们自己做，凡是儿童能自己想的就让他们自己想，鼓励儿童发展自己的世界。”父母要引导幼儿去探索未知的世界，不断激励孩子大胆地去尝试，放手让幼儿独立地进行活动，支持幼儿的寻求和探索，帮助幼儿积极主动地克服困难。

孩子拿剪刀将桌布剪出了小洞，用口红在墙上涂满了红手印，此时，

父母应该是鼓励而不应该是痛斥孩子，因为破桌布可以换，涂污的墙可以刷，但孩子的探索力抑制了就无法弥补了。探索力是孩子智慧的源泉，也是促进孩子进行创新发展的原动力，是将来孩子卓越发展的基础。

艺术是孩子认识和把握这个世界的方式之一，是孩子对世界认识和表达的一种方式。3 ~6 岁的孩子能够在艺术活动中具有初步的感知与体验、创造与表现、反思与评价的能力，但最重要的是能够体验到艺术的快乐。艺术表达的过程是孩子心境和情感的表达，也许他很高兴，因为颜料的涂抹可以带给他快乐；也许他很不高兴，可以借助对乐器的敲击发泄他的不满。艺术活动最重要的是带给孩子审美的快乐，只有让孩子享受到快乐才有存在的价值。

艺术的生命力在于探索创新、体现个性，所有这些赋予艺术教育方法的多元性特点。在艺术活动中，幼儿有着丰富的想象力。3 ~6 岁的儿童对周围的事物、现象感兴趣，有好奇心和求知欲，能运用各种感官，会动手动脑，去探究问题。

孩子的创造力与生俱来，不需“培养”，只需“保护”。家长要做的是尊重孩子，让孩子有足够的自由，保护孩子的个性健康发展，而不要对孩子指手画脚，以成人的定式思维去影响和评价孩子，要欣赏并记录孩子的“奇思妙想”，保护孩子的创造力不被破坏。孩子喜欢什么，孩子要画什么、怎么画，孩子玩什么、怎么玩……这些都由孩子自己决定。

艺术是不同领域交叉的地带，这里充满了未知，幼儿处在探索阶段，父母要做的就是让每个幼儿都能主动而富有个性地发展。

4岁儿童标准

标准内容

- 喜欢敲打各种物品或打击乐器，对他们发出的不同声响有好奇心；
- 尝试用身边的材料涂涂画画、折折剪剪或自由表演。

3～4岁的幼儿还处在对事物的观察、探索期，任何与众不同的、他没见过的或是特别感兴趣的，都能激发他强烈的探索欲望。幼儿天性好奇，因而凡是新奇的事物、奇特的东西，都会使幼儿产生好奇心。

3～4岁的幼儿正处于纯感觉的探索阶段，如果成人不刻意地教他们认知和学习，其实他们是可以靠着天生的本能（自己的方式）用视觉、触觉来感知这个世界的。儿童是用形象、色彩、声音来思维的。声音无处不在、无时不有，幼儿的感官又是非常敏感的，各种各样的声音都会吸引他们的注意。3～4岁的幼儿都喜欢敲敲打打，喜欢摆弄是这个年龄段幼儿的一大特点，对任何自己感兴趣的东西他们都会玩玩、试试、摸摸、看看，对能发出声响的东西尤其感兴趣，因为他们对声音具有一种天生的敏感性。在孩子们的游戏和生活中，他们也总喜欢通过自己的动作让物体发出声音来，以满足自己的好奇心理。

3～4岁的幼儿喜欢涂涂画画、折折剪剪。一张张彩色的纸就可以剪成栩栩如生的人物、顽皮可爱的动物、形态优美的花草、雄伟挺拔的建筑……这种神奇的变幻令小朋友兴趣盎然！幼儿在撕撕、折折、剪剪、贴贴、画画的创作过程中不仅手部小肌肉群得到发育，促进了幼儿动手能力的提高，而且其创造性思维也得到了发展。幼儿的纸艺活动是将手工和绘画相融合的综合活动，它符合幼儿喜欢撕撕、剪剪、涂涂画画的天性，因此为幼儿所喜爱。幼儿乐于在折折剪剪中来表现自己的感受和内心意愿，在创作中发挥潜能、建立自信、享受成功。

3～4岁的幼儿是表演的天才，幼儿很喜欢表演游戏、角色游戏，也是基于这些游戏能够为他们提供自我表现机会的缘故。正像人本心理学家马斯洛指出的："每个人都有希望得到别人赞许、关心、接受的需要，有归属与爱的需要，幼儿亦然。"

典型案例

虎子今年3岁零9个月了，只要一拿起笔就不肯放下，而且喜欢拿笔到处乱涂乱画，弄得家里的墙上、地上、桌上、门上都是些奇形怪状、莫名其妙的图画，训斥他也不见效，弄得爸爸妈妈伤透了脑筋。

案例分析

3、4岁的很多孩子表现出对色彩和图案的浓厚兴趣。他们喜欢模仿和涂抹，甚至会拿着妈妈的口红到处乱画。其实父母并不了解，此时并不是孩子在故意捣乱。涂鸦对孩子来说是一种很重要的表达方式，也是一种对孩子身心发展非常有意义的活动。

孩子的乱涂乱画阶段也是有其发展规律的。它始于漫无目的的涂画，再逐渐过渡到画一些大人能辨别出来的物体。这个阶段从18个月到大约4岁（此时孩子能画出可辨认的物体）的这一时期。

幼儿是天生的艺术家，他们稚嫩的创造萌芽需要父母以喜悦之心去发现、去接纳、去欣赏、去引导。3~4岁的幼儿，其绘画进入涂鸦期，喜欢反复乱涂乱画，边画还边自言自语："我画个苹果""我画宝宝"……

尽管儿童涂鸦在成人看来是无意义的混乱线条，但儿童在其中表现自己，就像用语言和手势一样。对于他们来说，涂鸦代表了一些事物，例如看上去很随意的一条线，可能代表狗在跑或气球在飞。涂鸦是一种动作表征，不是对物体的细致描绘。涂鸦是儿童的一种意识觉醒，这种意识就是儿童认为画在纸上的线条和形状也可以代表他们所处环境中的事物。

另外，一些儿童的涂鸦有些像点、戳画纸以及书写形式的图形。其实，它们是儿童试图模仿成人签名的一种表现，这种涂鸦可为儿童书写能力发展提供早期的实践机会。

专家指导

儿童从出生起就希望借助各种声音、符号表达自己的思想和情感。在行为、语言未成熟前，儿童表现自己最常见的形式是拿笔在纸上涂鸦，借助这种方式与人沟通，让别人了解自己。但现实中，当家长看到孩子涂鸦时，却常因为是一些毫无意义的图案，而阻止他们继续通过涂鸦来表达自己的想法。

从儿童的身心发展角度来说，涂鸦有着重要的意义。美国著名儿童美术教育学家罗恩菲尔德认为，涂鸦最初发生的阶段开始于儿童在18个月的时期，到3、4岁结束。涂鸦与儿童动觉的发展以及视动经验有关，它是儿童练习和发展大肌肉整合运动以及精细动作控制的过程。

3岁左右的孩子开始给自己乱涂乱画的东西起名字，他会指着自己的画说"这是妈妈"或是"我要跑步"，而实际上可能别人什么也看不出来。这时候孩子的思维发生了变化，因为在此之前他仅满足于涂画时带来的愉快感受，而现在他把涂画动作同外界环境联系起来了。

幼儿已从动觉思维转到了形象思维，这种现象一般发生在儿童3岁半的时候。如果我们认识到人类的思维活动大部分是伴有图像出现的，就能很容易理解儿童身上出现的这种变化具有重要意义。当我们竭力回想遥远的往事时，记忆力不可能达到这个阶段之前。从这时开始，儿童开始具备了视觉记忆力。

此时儿童创作的画本身没有很大变化，虽然孩子在作画时有了一定的目标，但他仍受着过去的影响。过去他有时能在自己所画的东西和客观物体之间发现一些联系，现在他则是有意识地去表现这些联系。

虽然3岁半的孩子一般都能给自己的画起名字，但他主要喜好的还是笔的运动给他带来的快乐。如果他拿到一种新的绘画工具，他会花很长时间来尝试它，这和成年人是很类似的。孩子们用在画画上的时间更长了，涂画的内容也丰富起来，有时还会配上文字说明。这种做法并不意味着是与成年人的交流，似乎应该说这是儿童同自己的对话。绘画在这时明显成为儿童对周围环境感受的记录，乱涂乱画也日渐成为一种重要的交流方式。

这个阶段的孩子有时会声明自己要画些什么，有些他能做得到，但在大部分情况下他是做不到的，因为他无法预知最后的结果是个什么样子。很可能他开始讲要画一棵树，可完工之前又改了个名字；一个起伏的线条块可以是狗，也可以是奔跑的小人。这些线条不总是代表视觉形象，也可能有非视觉的性质。重要的是，这些乱涂的线条对大人们可能没有意义，但对幼儿本身是有实际意义的。孩子笔下的圆圈和直线有时就构成了人物像。

正如黑格尔所说："儿童是最美好的，一切个别特殊性在他们身上好像都还沉睡在未展开的幼芽里，还没有什么狭隘的东西在他们的胸中激动。在儿童还在变化的面貌上，还看不出承认繁复意图所造成的烦恼，因而在儿童绘画里表现出来的是他们对事物无意识的、天真率直的看法。"父母要悉心保护这片未被世俗影响的净土。

父母要给孩子涂鸦的机会。给他们一块画板或一张纸让他们专门用于涂鸦，有的父母甚至把一面墙经过特意粉刷后，专门给孩子涂鸦。给孩子这样一个空间，他们的涂鸦就不会对房间有太大的“破坏性”了。

父母还可以和孩子一起欣赏涂鸦之作，也可以参与到孩子的创作中去。父母通过这样的方式可以引导孩子的绘画能力，并使之得到较好的发展。在成人的辅导下，孩子开始认识到，别人希望他的画能够代表一些事物，涂鸦的图形可以看上去像人、动物或树。随后，孩子就把思想与绘画活动联系在一起了。

父母应视幼儿的乱涂乱画为一种积极的活动和作业，不管成人看来那些画如何不美、不协调，也不应指责其为无意义的不良习惯。父母在提供必要的画画用具后，要在画画作业的时间上做出恰当的安排（幼儿画画每次应以不超过30分钟为原则)。相比之下，父母在心理上对幼儿绘画活动的关心和精力投入显得更加重要，它是一种无形的力量，强烈地鼓舞、激励着儿童的绘画兴趣。另外，父母可将幼儿的绘画“作品”保留下来，它是幼儿某一阶段认知水平和情绪状态的足迹。

3~4岁幼儿的审美情感是丰富多彩的，父母要给予幼儿多方位、多元化的感知空间，激发幼儿积极探索的兴趣，这是帮助幼儿获得审美体验最好的途径。父母要循序渐进地让幼儿进行点、线、面的感知与表现、色彩的认识、组合与创新，培养幼儿的实践意识，鼓励孩子进行各种工具、材料的体验和使用等，让幼儿在活动中感受形、色、材料、工具等的基本元素和造型规律。

艺术教育作为学前教育的重要组成部分，能促进幼儿进行各种寻求和探索，开发其创造力，而工具的使用同样能对幼儿发展发挥重要作用，它能培养幼儿的动手操作能力、将思想付诸实践的能力。除此之外，还能培养幼儿的实践意识，使幼儿在美的情感体验与美的感受中逐步提高艺术的表现能力，并且能够鼓励幼儿运用各类工具探究事物之间的关系，使孩子善于捕捉“闪光点”。父母可以为幼儿创设一种宽松、自由、民主的气氛，促使他们进一步去观察周围的事物，去分析、去比较、去发现、去观察、去记忆、去想象、去创造、去探究。

父母要鼓励和支持儿童对工具、材料、声音等的探索，如为儿童提供或和儿童一起收集各种工具、材料，为他们的探索提供必要的条件；尊重儿童的好奇心，支持和鼓励他们的探索行为，理解儿童因探索造成的“破坏”或“混乱”，如将颜色混在一起变成了“难看”的颜色，敲击瓶瓶罐罐发出杂乱的声音等。当儿童的探索影响他人或有危险时，应及时给予引导，如儿童用力地敲打桌椅或乐器时，成人可以引导他“能不能发出轻一些的声音”或“寻找更好听的声音”。在儿童尝试用剪刀戳、剪坚硬的物品时，成人应给予帮助或为他们提供更适宜的工具。

家里的各种废旧物品都是做手工的好材料。涂涂画画、折折剪剪，把没用的东西变成有趣的工艺品，既能发挥“艺术创想”，又能锻炼儿童小手的灵活性，实在是一种很好的游戏。

亲子游戏

游戏名称：猜一猜

游戏目的：培养孩子对声音的听辨能力

游戏材料：塑料袋、钥匙串、玻璃杯、一双筷子、一张纸、家里的某个乐器等

游戏玩法：让孩子看桌子上准备的物件，同时听每个物件发出的声音，随后背过身子，家长随机抽取一个物件发声后，让孩子转过身后猜出。

指导建议：可有奖罚，能让游戏更有意思。

游戏名称：音乐游戏“自制乐器”

游戏目的：提高幼儿的打击乐水平，激发幼儿的创造性

游戏材料：一支金属的晾衣架，六支大小不同的金属汤勺，结实的细绳、尖刀、胶带

游戏玩法：选择有很明确把手的汤勺，这样能使细绳顺利地绑住勺子，剪大致30厘米长的细绳，让孩子把绳子系在汤勺上。让孩子根据汤勺的大小尺寸排序，然后把它们系到晾衣架的下部，汤勺的间距保持一致。检查所有的汤勺的把手在水平位置上，这样可以很清楚地看到勺子的大小。剪掉留在外面的线头，用胶带将线结固定在衣架的底部。请孩子尝试用不同的东西来击打这架“钟”琴，看看哪一种东西击打的声音他们更喜欢听。

游戏名称：有趣的转盘

游戏目的：培养孩子的动手涂色能力

游戏材料：彩笔一盒、圆规一支、细绳三条、直径为6厘米的白色圆形卡纸三张

游戏玩法：家长将三张圆形卡纸分别制作成：A纸为三个同心圆，B纸画上三等份的扇形，C纸则为十二等份。孩子在卡纸上涂色，A纸为红、

黄、蓝三色，B 纸涂上红、黄、蓝相间的颜色，C 纸用黑色按涂一空一的规律绘色。孩子寻找图形排列规则，数一数三张纸上各有红、黄、蓝几处，然后家长和孩子一起将卡纸在圆心左右打两个小孔，穿上绳线并打结。

转动绳线让转盘快速转动，看看三个转盘的颜色变化，家长引导孩子观察同一转盘在转动速度不同时颜色的变化（A 盘转动时，仍然保持红、黄、蓝三种色环；B 盘转动时，会呈现白色，转速不同也会有颜色的变化；C 盘快速转动时呈灰白色，转速放慢时则呈现橙色线条）。

贴心提示

DIY 音乐玩具推荐

推荐 1：简易沙锤

在欣赏乐器时，晃动手中的沙锤，是孩子们都喜欢的一种表达心情的方式。其实，沙锤更是一种简单易做的乐器，只要是有盖、能重新封闭的瓶子就可以，而且不同材质的瓶子做成的沙锤会有不同的音效，这点还会让许多年龄小的孩子更觉得兴趣盎然呢！

准备材料：各种材质的瓶子、沙子、石子或杂粮豆子等。

制作：将已经用过的饮料瓶或小药瓶冲洗干净、晾干，将沙石或各色豆子准备好，装入少半瓶，盖好瓶盖，或用颜料或彩纸进行装饰，这样一个简易的沙锤就做好了。

推荐 2：音乐刮板

用乐器模仿自然界的声音，是孩子喜欢小乐器的原因之一，比如刮板就可以模仿出小青蛙的叫声，还能敲打出雨滴滴落之声。看看这个饮料瓶和一次性筷子制成的刮板，能让孩子玩得很开心呢！

准备材料：饮料瓶、一次性筷子、花纸、压花器等。

制作：将多棱的饮料瓶洗净、装饰；将没用的一次性筷子洗净消毒，用花纸作装饰；将美丽的一次性筷子放入饮料瓶内，或摇出响声、或刮出声音即可。

5岁儿童标准

标准内容

- 能用多种物品、打击乐器或敲击方法探索表现声音的强弱、长短、快慢等；
- 在绘画、手工制作和表演等活动中探索工具与材料的多种用法。

声音是幼儿日常生活中最常感受到的一种，5岁幼儿的听觉器官逐渐发育完整，听觉变得更敏锐，能辨别细微的差别。这个年龄段的幼儿能够用打击乐器或自寻音源探索声音的强弱、音色、长短、高低和快慢等，能够感知不同的声音有不同的特点。他们能够了解物体振动会发出声音、不同的物体发出的声音是不同的，相同的物体通过不同的玩法也能发出不同的声音。

5岁的幼儿乐于在绘画材料上动手操作、发挥想象、探索事物。他们很乐于发现不同的材料在同样的绘画内容上会呈现出截然不同的效果。不起眼的包装纸、被丢弃的废旧报纸、随处可见的复写纸、沙皮纸甚至石子、小树枝都能成为幼儿绘画的工具和材料。

5岁的幼儿对手工制作情有独钟，任何废旧材料都能成为他们的创作材料和工具，这种探索精神也表现在表演活动中。表演游戏是一种创造性的活动，在创造过程中，孩子们已不单纯地只是在表演，而是能探索性地运用工具增加表演情节。他们使得艺术作品具有了新的特色，这种对文艺作品的再创造完全是他们自己的一种独立活动。在这样不断创造的过程中，就有效地发展了幼儿的口语表达能力、想象能力和审美能力。

典型案例

5岁的淼淼非常喜欢做手工，姥姥就给淼淼买了一把没有刃的儿童小剪刀。淼淼拿着小剪刀不停地剪啊剪啊，后来到超市文具区只要看到自己喜欢的剪刀他就拿，现在家里的小剪刀就有三、四把了。现在淼淼常常拿着小剪刀做各种各样的小东西。

案例分析

5岁的幼儿在生活上比以前丰富，大脑功能不断趋向成熟，手的小肌肉群得到进一步发育，因此他们能够比较完整地表现物体的主要部分。幼儿剪、折、贴的技能也在逐步提高，喜欢把手工当做心爱的活动，喜欢折些较复杂、难度大的玩具，如飞机、龙船、花篮、头饰、陀螺、毽子、降落伞、风筝等玩具。玩泥时，他们往往加上更多的辅助材料，做些有情节的塑造。一般来说，这个阶段的幼儿手工活动最好都由幼儿独立完成，实在解决不了的难题，再请成人指导。

手工制作是幼儿非常喜欢的一项运动，它的形式多样，包括撕贴画、纸艺、拓印、石艺、编织、泥工、雕塑、废物利用等形式。它是引导幼儿发挥想象力与创造力，动手操作，对各种形态（点状、线状、面状、块状）的物品进行加工制作，最后获得占有一定空间的、可视的、可触摸的多种艺术形象的一种教育活动。它是培养幼儿动手动脑、启发幼儿创造性思维的重要手段，对培养幼儿仔细观察、认真思考、积极动手、形成立体空间观念等方面均有非常重要的作用。幼儿喜欢游戏，游戏几乎和他们所有的活动紧密相连，手工制作能潜移默化地把教育寓于游戏之中，能达到游戏和教育的双重效果。

只有让孩子在操作中动手、动脑，让多种感官参与活动，才能使他们的智慧和能力得到最大限度的发展。著名教育学家苏霍姆林斯基曾说过："儿童的智慧在他的指尖上。"我国著名儿童教育家陈鹤琴也说过："小孩应有剪纸的机会。"他认为剪纸有两方面好处："一是可以养成独自消遣的好习惯，二是可以练习手筋。"也就是说，剪纸可以使孩子安静下来，专心致志地干一件事，还可以使他们练就一双灵巧的手，而手巧往往意味着心灵，因为手部肌肉群的训练有利于大脑的开发。

剪纸是一种艺术活动，幼儿艺术活动的能力是在大胆表现的过程中逐渐发展起来的，父母的作用应主要在于激发幼儿感受美、表现美的情趣，使之享受自由表达和创造的快乐。在此基础上，父母再根据幼儿的发展状况和需要，对表现方式和技能技巧给予适时、恰当的指导。

专家指导

人的大脑分为左右两个半球，我们习惯称它们为左脑和右脑。左脑主要负责人类的理性、语言、文字、分析等，右脑主要负责音乐、形象、经验、直观等认识，因而右脑"感觉"更强，我们常说的"创造性思维"也更多是右脑的产物，而右脑也被称为"艺术脑"。注重右脑开发，促进左右脑的平衡发展就能提高儿童的智能。有资料表明，诺贝尔奖获得者大多是右脑发达型人才。

观赏绘画、欣赏音乐、手工制作都是右脑的功能。近代音乐心理学研究表明，音乐能激励人的情绪，它由人脑的右半球所控制。儿童满怀着好奇和探究的心理来到这个世界，他们竖起耳朵就要倾听母亲的声音和环境中丰富多变的音响，而优美动听、欢快活泼的音乐就是满足他们听觉需要的最好刺激。

众所周知，音乐是要用听觉来感知的，它是一种听觉艺术，因此在进行音乐教育、引导幼儿从事音乐活动时，首先要儿童倾听音乐的音响。音乐尽管是千变万化的，但基本上是由音高、音值、力度、音乐等音响要素组成，如果儿童具备了辨别这些音响要素的能力，就有了感受音响的基础，这会促进儿童欣赏音乐及表现音乐的能力。5 岁是发展音乐听觉能力的最佳时期，因此，丰富扩大幼儿听辨音乐的经验，培养幼儿听辨音乐的兴趣与能力是非常有必要的。另外，在听辨能力培养的过程中，还能发展幼儿对音乐的感知能力，促进幼儿注意力、记忆力、观察力、思维力等能力的提高。在操作过程中，能通过音乐表现自己的想象力、创造力，推进幼儿素质全面提高。

作为素质教育的音乐活动，必须舍弃一切单调、枯燥及令幼儿感到厌烦的内容和模式，必须是使幼儿在良好的心态、轻松的气氛和愉快的环境中潜移默化地实施的，为此，要在轻松愉快的音乐活动中培养幼儿的听辨能力。父母要精心选择并设计幼儿喜闻乐见的音乐感知活动，为培养听辨能力打好基础。

幼儿的听力是音乐教育活动的基础，因此要有意识地加以培养。通过各种有趣的听力游戏来锻炼幼儿的听觉器官，使之变得更敏锐，能辨别细微的差别。父母要引导幼儿真正运用自己的耳朵去发现声音有高低、长短、强弱、快慢等区别，并能用动作、图画、语言来表现自己的理解，在听听、找找、唱唱、想想、动动、说说、画画的活动中亲自感知并理解音乐中的简单概念。

对于 5 岁年龄的幼儿来说，最难听懂的就是音高。那么，如何在感知的基础上开发幼儿对音高的听辨力呢？父母可通过音乐形象的生动对比，使幼儿理解和区分高、中、低三个音区的音乐特点。在高音区描绘小鸟的形象，使幼儿感受到高音区的音色较清澈和明亮；在中音区则可描绘幼儿自己的活泼形象，让幼儿感受到中音区的歌唱性；在低音区则描绘大象、狮子的形象，使幼儿感受到低音区的音色较厚实、沉重。

此外，父母还可利用动作游戏来巩固幼儿的听辨能力。在高音区演奏时，可引导幼儿做双手向上举的动作；在中音区演奏时，幼儿则双手放在腰上；在低音区演奏时，幼儿双手做下垂动作。这些看似简单的动作与活动交叉进行，既巩固又发展了对幼儿听觉的训练。

处在这个时期的孩子有好动、好玩、好奇、好模仿以及合群、注意力持续时间短、情绪转换快等特点，他们所追求的就是如何使自己感觉愉快，趣味成了他们参加一切活动的准则。父母必须正确了解孩子的特点，把握孩子的心理，准确掌握孩子的需求，从孩子的角度出发，使在家庭中的艺术教育成为孩子喜欢的、快乐的活动，这样才有可能起到有效的教育作用。

幼儿好奇心强，极易受客观事物的新异性所吸引而产生兴趣，久而久之便形成了认识活动的倾向，就会积极主动并且心情愉快地学习音乐。幼儿天性喜欢敲敲打打，对能发出响声的物品特别感兴趣，每次敲响任何一件物品，他们就会发出一阵惊奇而欢快的笑声。这时候，父母可以引导孩子寻找周围的声音，既可以是原发的，也可以是自己敲击的，让孩子注意倾听，然后进行比较。父母要引导儿童聆听和分辨用不同物品、打击乐器或敲击方法发出的声音在音色、强弱、长短、快慢等基本要素上的不同，如听一听它们发出的声音一样吗？有什么不同？在这过程中，启发孩子模仿声音的音色、节奏等，渐渐地幼儿的无意注意得到巩固，有意注意则慢慢持续。

父母要引导儿童进行一些有目的的探索，如选择适宜的物品、打击乐器或敲击方法模拟自然界和生活环境中有特点的声响，用不同物品、打击乐器敲击有规律的节拍或基本节奏，用嗓音和身体动作发出不同的声响和节奏，用身体模仿某一具体事物或生活情景，用自然物、废旧物自制简单乐器等。

幼儿的手工制作意图大多是在动手过程中逐渐产生的，因而要多为他们提供与材料充分接触的机会，如让幼儿在使用各种软硬不同的纸的活动中，了解纸的软硬程度及其易变化、易造型等的特性。父母还可以让幼儿在玩纸的同时进行各种活动，让幼儿在与材料相互作用的过程中，对折纸活动产生兴趣，愿意去操作。

父母要引导儿童在绘画和制作活动中尝试不同的工具材料，探索它们的多种用法，观察比较用不同材料或不同方法完成的作品的不同，如在蜡笔画过的地方再涂上水粉颜料会怎么样呢？等等。材料的变化对幼儿来说是一种新的刺激。父母要根据幼儿的年龄特点，为其提供可操作的艺术工具和材料，满足幼儿不断探索发现的需要。

幼儿期的儿童好奇心重、兴趣浓、探索欲强，看到一切自己感兴趣的事物就会迫切地想去了解，强烈的好奇心会驱使幼儿尝试运用各种工具与材料。

亲子游戏

游戏名称：玩声音

游戏目的：

（1）引导幼儿关注声音的来源，关注生活中声音的多样性。

（2）引导幼儿积极探索，用不同的方法使不同的物体发出声音。

（3）发挥幼儿的想象力，培养其创新意识和想象力。

游戏材料：铃铛、响筒、口哨、小喇叭、竹筷、木梳、刷子、瓶盖

游戏玩法：让孩子去倾听各种物体发出的声音，去敲击不同的物体，辨别各种物体的声音，在这个过程中去感受、发现乐音，培养孩子的节奏感、节律感等。

游戏名称：有趣的树叶粘贴画

游戏目的：

（1）幼儿能够根据树叶的形状进行想象，并能按照自己的需要剪出不同形状的叶子，将其组合成各种画。

（2）幼儿能够充分发挥自己的想象，大胆尝试创作出表现一定情节的画。

（3）感受树叶画的美丽，培养幼儿爱美的情趣和创造美的能力。

游戏材料：白纸、颜料、铅笔、双面胶、剪刀、各种颜色的手工彩纸、各种不同的叶子、父母制作的“叶子画”

游戏玩法：用剪刀把叶子剪出不同的图形，把修剪好的图形贴上双面胶粘贴在白纸上，根据需要用彩纸剪出图形进行修饰。

指导与建议：父母鼓励幼儿按照自己的想法进行剪贴创造，在幼儿遇到困难时，父母要及时发现幼儿的需要，给予帮助与支持。

贴心提示

幼儿手工制作的好处

手工制作是训练幼儿技能的技巧，主要培养幼儿眼、手、脑的协调运用能力以及观察力、想象力和创造思维等能力。当孩子拿着自己的作品给家长欣赏时，家长要多鼓励、多赞美，才能让孩子有信心。

那么幼儿手工制作的好处都有哪些呢?

1．培养自信心

幼儿独立完成一件手工制作品是需要手脑并用的，在这个过程中幼儿也会遇到很多的问题，如果能坚持做完，也是一种毅力的表现。无论幼儿的手工制作完成品是什么样子，都应该给予表扬和肯定，让幼儿建立自信心。

2．培养观察力

幼儿在制作手工时，通常都是一些日常的简单的事物。这就要看幼儿平日对于日常生活中各种事物的观察度了。如果幼儿观察仔细，那么做出来的东西就会惟妙惟肖，更注重细节上的变化。时间长了，幼儿自然就会养成注意留心身边事物的习惯。

3．培养创造力

在幼儿手工制作的前期，父母可以先提供一些事物的图片或者造型，然后引导幼儿利用发散性思维去思考，再调动幼儿的制作热情，让孩子尽情发挥自己的想象力，创造自己头脑中的事物。这样手工制作不仅锻炼了孩子的动手能力，还对孩子的创造能力有着很好的培养。

4．培养动手能力

手工制作不仅要靠幼儿头脑中的创造能力，还要让幼儿把这个创造能力付诸实践，搬到真实的生活中，用自己的手来完成这个创造。对于幼儿来说，这是培养他们独立完成一件事物的最好办法。从最初的设计、创造到后期的规划、制作，都是要靠幼儿亲自动手一点一点来完成的。这对幼儿的动手能力是一种良好的培养。

幼儿手工制作让宝宝在动手、动脑的同时做游戏，起到了真正的寓教于乐的目的，可以让孩子在兴趣中学习，锻炼、培养其良好的创造能力。

6岁儿童标准

标准内容

- 用多种物品或打击乐器，探索敲击有规律的节拍和基本的节奏；
- 能根据需要选择并灵活运用多种工具、材料进行绘画、手工制作和表演等活动。

孩子喜欢敲敲打打，他们一有时间就要来敲一敲、打一打，听到声音就有一种宣泄的欲望。6岁的幼儿以更为浓厚的兴趣，乐意探索和发现生活中各种物体发出的声音，对各种敲击所发出的声音很感兴趣，他们喜欢探索奇妙的音色与节奏，并主动参与演奏活动。

幼儿利用生活中常见的物品替代乐器敲击节奏，感到既新鲜又有趣，积极性很高。他们自由敲击自选的物品，能感受到打击的乐趣，而且在敲敲打打的活动中，能进一步体会到自由敲打与随音乐较有规律地敲打的不同。这个年龄段的幼儿特别注意倾听音乐旋律，让自己敲打乐器的节拍与歌曲节奏保持一致。相关研究发现，6岁儿童对于稍不规则的节奏，会表现得摸不着头脑。

6岁幼儿喜欢接触多种绘画的材料、形式，能对不同画材产生不同的感觉，他们乐于了解画材的特性，比如油画的厚重概括、水彩的随意透明、铅笔的细腻，能根据不同画材的特性灵活选用工具和材料绘画。

6岁幼儿喜欢使用各种材料、工具、方法进行拼装、拆卸、制作，喜欢利用特有的原材料来开展创作活动。

6岁幼儿能运用各种工具、材料，大胆进行表演。如幼儿园经常开展“幼儿时装表演”，就是利用塑料袋和旧报纸制作一套服装，而这一年龄段的幼儿对此是乐此不疲。

典型案例

4 岁的丁丁、5 岁的闹闹、6 岁的杰杰住在一个小区，恰好又住在同一栋楼的同一层，三个人理所当然成了好朋友。一天丁丁和闹闹一起到杰杰家去玩，丁丁东看看、西望望，哎！他的眼睛一亮，朝着露台走去，原来，露台上放着可以发声的玩具，有沙球、有小鼓和鼓棰。他走上前去，用筷子敲敲小鼓——“咚！咚！”用沙球摇摇——“沙！沙！”他似乎沉浸在各种声音中，快乐地享受起声音带来的奇妙刺激。

“丁丁！沙球借我玩玩！”这是闹闹的声音，丁丁是个大方的孩子：“好吧！就借一小会儿。”沙球借走了，美妙的声音失去了一个音符，丁丁有些失落。他用手上的鼓棰敲击着铁栏杆“叮——叮——”铁栏杆居然发出了好听的声音，他再敲敲：“叮叮叮”，真美妙呀！杰杰被这声音吸引过来了，他像敲小鼓似的用两个筷子敲起了“爵士鼓”，杰杰用鼓棰敲击横杠，于是，露台的金属栏杆全成了他们的“打击乐器”，三个人玩得不亦乐乎。

案例分析

美国教育心理学家和教育家布鲁纳认为发现法能激发幼儿的智慧潜能，培养其内在动机。孩子对周围事物的主动探索都是自发的，他们之所以有这样的行为，和父母创设的环境、提供的心理空间的大小都是有关联的。当孩子发现了一样感到特别好奇的事物，他们通常的行为表现是反复地做，然后吸引一群孩子到身边来模仿他们的行为，旁人模仿的越多，他们的成就感就越强烈。在这个时候，父母的干预会使这一探索行为趋于瓦解，而且父母的话在孩子看来是不能不听的，他们对原先的“创举”会失去兴趣，从而对未来的兴趣走向失去了个人独特的观察角度。对于原发性的探索，父母应该给孩子一段享受探索乐趣的时间。

父母的指导可以是以“学生”的角度去向孩子们“讨教”，帮助孩子把探索的经验提炼一下，但时机要掌握，最好是等他们尽兴了以后，以询问的方式来让孩子用自己的语言总结。这样总结出来的经验往往是孩子都能接受的，是他们自己的语言，或许父母觉得应该给孩子正确的常识知识，但是孩子的学习是有自己的年龄阶段的。

德国作曲家、音乐教育家卡尔·奥尔夫认为，打击乐是最为人类所欣赏的乐种之一，也是幼儿最容易掌握的。不同的打击乐器有着不同的外形和音响效果，幼儿最初对打击乐器产生兴趣是来源于他们对乐器本身的兴趣，有趣的外观造型，尤其是打击乐器奇特的音响效果深深地吸引着孩子。另外，由于打击乐器的演奏主要使用大肌肉的动作，因此与其他乐器相比，打击乐器的演奏方法易于为幼儿掌握。孩子在摆弄、敲打中，没有学习过程中的心理负担，身心会感到非常愉悦。打击乐器是指利用敲击本体引起振动而发音的乐器，它们主要通过节奏和音色来装饰和表现音乐，渲染气氛，常用的打击乐器有：大鼓、堂鼓、腰鼓、木鱼、大锣、小锣等。

专家指导

节奏在音乐中具有重要的表现意义，也是最容易引起儿童兴趣和感受的音乐要素。当婴儿还在母体时，就感受到母亲心脏在有规律地跳动，这种有规律的跳动可以刺激婴儿体验稳定的感觉，感受节拍。母亲的心脏跳动赋予了人们最原始的节奏本能。

幼儿的音乐节奏是指幼儿通过拍打、敲击身体各个部位以及自由摆弄音块、节奏乐器、自制乐器等简单音乐器材而产生不同节奏的声音，从而有兴趣地、创造性地表现音乐的活动。

音乐节奏感培养的最佳时期是幼儿时期，当幼儿听到有规律的节奏时，就会情不自禁地手舞足蹈，而他们对音高的辨别就比较模糊，对旋律性较强的乐曲比较难以接受。因此，在幼儿还不能唱好音准的阶段，不要过早地进行旋律训练，而应当根据儿童的心理和生理特点，从他们熟悉的日常生活和事物入手，借助手脚拍打或打击乐玩具进行节奏练习，从游戏中引导和培养他们的节奏感。这样可以使儿童感到身心愉快，增强其学习的自觉性和主动性。通过循序渐进的方式，可以使儿童从自己的活动中理解声音长短、强弱的区别，逐步把握“节奏”这种构成音乐的第一要素。

父母可以把孩子的拍手、列队行进、跑、跳、奔跑等动作的自然节奏和律动作为节奏培养的基础，通过这些自然节奏和律动来训练孩子对一些基本节奏产生感性的认识。例如通过跳让孩子感觉到快而轻巧的节奏，通过跑让孩子获得快速八分音符的节奏感等。在进行训练时，基本节奏的速度和特点要用声音来表示，并给予适当的音乐伴奏。

节奏是音乐的骨骼，是构成音乐的第一要素，父母应当不失时机地引导幼儿、培养幼儿，使其从运动神经上感知节奏、感受节奏美，并能准确地反映、再现节奏。这对推进幼儿音乐感知的发展有着重要的、不可替代的作用。瑞士音乐教育家、体态律动学的创始人雅克·达尔克罗兹认为：“人无不具有天生的节奏本能，不过需要加以诱发、培育，进而为音乐所用。”通过节奏的运动能唤醒儿童的音乐本能，音乐与身体运动的结合特别适合于儿童的天性与本能，能唤醒儿童的音乐意识，父母要尽可能地发现和研究儿童身体活动和他们周围世界的自然节奏。儿童的音乐教育也应该从节奏启蒙开始，这符合儿童活泼好动的天性和生理需求。

节奏训练不仅可以唤醒儿童潜在的音乐本能，培养幼儿的音乐素养，还能培养塑造幼儿的个性、才能和创造性，促进幼儿的全方位发展。原始的音乐是人类最本能的音乐，它是人类本能、自然、直接、即兴的流露，而原始的节奏是人类脉搏心跳、呼吸及心情情绪的表现。

节奏的概念比较抽象，幼儿难以理解，但幼儿对节奏最为敏感。节奏就存在于我们周围的生活中，如脚步声、拍手声等，孩子每时每刻都能感受到。父母要引导孩子善于寻找、倾听生活中丰富多彩的声音，发现各种声音的动与静、长与短、强与弱的变化，培养孩子对节奏的敏感性。例如父母带孩子来到马路边，引导孩子倾听汽车的喇叭声“笛笛”、自行车的铃声“丁零零”，下雨则引导孩子倾听、感受风声和雨声。在家里，父母要配合引导幼儿感觉体验切菜的声音；洗澡时，要引导幼儿倾听“哗哗”的流水声。渐渐地，孩子从倾听到模仿，开始有意识地寻找各种在生活中与节奏有关的声音，并告诉同伴、父母，同时感到自豪和快乐。

生活中充满了声响，幼儿对生活中的节奏充满了好奇，感受着生活节

奏的美妙。在收集这些零零碎碎的节奏的基础上，父母可以有意识地进行归类，将它们编成有趣的节奏故事、节奏情景，引发幼儿在特定的氛围中，自然地用声音、肢体进行模仿，以进一步强化情景的节奏变化和对比感知。

节奏的不同组合及其变化既表现了作品情绪的起伏，也能引起幼儿的情绪变化，如缓慢的节奏可以引起舒缓、平和、疲劳、沮丧的感觉，快速的节奏使人兴奋、活跃、紧张、焦急等。父母要引导儿童体验不同声音的节奏变化，提高他们对不同声音的感知能力。

父母在这一时期除了对幼儿进行音乐上的节奏训练外，还要在绘画、手工等方面对幼儿的艺术探索与创造进行指导。

父母要引导儿童根据一定的主题或内容选择适宜的工具、材料进行绘画、手工制作和表演等活动，如用各种废旧材料制作风铃，为表演《小熊请客》准备服装、道具等。

关于绘画，此时父母要提供多种工具和材料，让孩子自由探索不同工具的使用技巧和方法。

不同的工具和材料蕴涵不同的价值目标，能萌发儿童不同的行为与思维创造。不同的材料在同样的绘画内容中会呈现出截然不同的效果，根据绘画内容精心选择工具和材料能更好地激发幼儿绘画的兴趣，支持幼儿更快速、便捷地获得成功。

材料一旦根据创作主题入画后，就会产生不同凡响的艺术效果，有的材料虽然很普通，但根据创作主题巧妙入画后，却有着一种化腐朽为神奇的艺术魅力，当作品完成时，能给孩子带来意料之外的惊异和喜悦。幼儿不但从绘画过程中得到了心灵的陶冶，而且由于材料的多样性，也满足了孩子对于自己作品的艺术再现的审美标准。最重要的是，孩子在整个绘画过程中，能够深切地亲身感悟到艺术创造所带来的那种难以名状的持久的乐趣，正是这种乐趣不断挖掘出幼儿自我想象力和创造力的潜质。

要想使幼儿的手工制作逐步成熟起来，父母首先要注意根据幼儿身心发展的年龄特征，有选择地引导幼儿学习一些工具和材料的基本使用方法。不论是进行平面手工活动还是立体手工活动，父母首先要让幼儿了解和认识制作工具的特征及用途，并学习其使用方法。只有让幼儿在学习过程中掌握各种工具和材料的基本使用方法，才能帮助幼儿形成技能，并将技能转移到手工制作的活动中去。因此，在制作手工时，父母可以让幼儿先思考，发现问题所在，然后再用确切、浅显的语言讲解制作步骤，让幼儿通过自己的思考，在理解的基础上掌握手工制作的技能技巧。

表演游戏是幼儿通过对作品中角色和情节的体验与感受，发挥想象、进行角色表演的一种游戏形式。游戏的目的不是表演给别人看，而是为了让儿童“自得其乐”，因而幼儿参与的主动性、积极性较高。开展游戏表演，能充分发挥父母的主导作用、幼儿的主体作用、道具和饰物的辅助作用，有利于培养幼儿主动发现、探索、表达、表演和勇于创新的能力。培养表演游戏的能力，关键是要培养和激发幼儿的情感，让幼儿愿意表演、喜欢表演、主动表演，使幼儿的情感在表演中得到和谐发展。

道具是游戏表演中必不可少的物质材料，逼真形象的道具能直接吸引幼儿参与游戏活动，激发幼儿参与游戏的愿望和兴趣，提示幼儿在一定的游戏情境中进行表演。在以往进行游戏表演时，家长和老师都会为幼儿准备许多他们认为表演所需要的道具，而幼儿对这些道具未必都喜欢，只能被动地接受。这样既削弱了道具材料在游戏表演中的作用，又不利于幼儿主体性的发挥。

在幼儿眼中，父母事先准备的精美的道具并不比他们自己制作的道具更有吸引力，父母可以鼓励幼儿共同创设情境，启发幼儿自己动手运用半成品材料或废旧材料加工制作道具，让幼儿参与到道具的制作当中。自主选择或制作游戏材料能让幼儿更容易进入表演的情境。幼儿拿着自己制作的道具边操作边表演，他们被自制的人物形象所吸引，跃跃欲试的念头就会油然而生。

亲子游戏

游戏名称：我们爱表演——制作表演道具

游戏目的：发展幼儿的动手能力、丰富游戏的表演形式、调动幼儿参与表演的积极性，尝试运用剪、贴、画等技能表现各种动物形象、体验自制道具的乐趣。

游戏材料：信封若干、塑料袋、破旧头饰、订书机、双面胶、透明胶、彩色纸、剪刀、水彩笔、胶水、抹布、范例作品

指导建议：

（1）幼儿欣赏收集来的材料，引发幼儿自己制作道具的兴趣并自由交流：你想用什么材料来做什么道具？

（2）思考：信封可以制作什么道具？用信封做玩偶，怎么分出头和身体？

（3）幼儿自由选择：

A. 塑料袋服饰；

B. 制作玩偶；

C. 修补头饰。

（4）启发幼儿用折、剪、画等方法，探索对称部位的制作方法，提醒幼儿节约、爱护装饰材料。

游戏名称：小小音乐家

游戏目的：提高孩子的音乐节奏，培养孩子大胆探索的精神

游戏材料：相同的玻璃杯 7 个，筷子 4 根，水若干

游戏玩法：把 7 个玻璃杯并排放在桌子上，在杯子里注入不同高度的水，让孩子将杯子按照水位由低到高排队。孩子用筷子敲击杯沿，父母引导孩子观察水位与声音的关系，并让孩子说出敲击的声音像什么。父母调整水量，以便发出 Do、Re、Mi 等音阶的声响，然后演奏乐曲，激发孩子

的演奏兴趣。亲子合作演奏唱歌，父母可以鼓励孩子边敲杯子边唱歌。

游戏名称：大家一起唱

游戏目的：发展儿童的节奏感

游戏玩法：把生活中的事件编成歌曲，和孩子边唱边玩，比如刷牙、洗脸、吃饭，父母可以把这些活动和孩子熟悉的旋律结合起来，如可以把刷牙和《生日歌》编在一起唱：我们——快来——刷——牙，我们——快来——刷——牙，我 们——快 来——刷——牙，天 天——都 要——刷——牙。

贴心提示

父母和幼儿一起学音乐会使孩子增加兴趣

如果幼儿能和父母一起学习音乐，会增加其学习兴趣，因为父母和幼儿一起学习是对幼儿的一种鼓励和支持。我们不赞成溺爱教育，也不搞依赖教育，而提倡幼儿和父母“一起接受教育”，如父母和幼儿一起看电视、一起画图画、一起听音乐、一起散步观察景色等。

日本漫画家根本进先生在幼儿开发协会担任图画指导，他采取一种独特的指导方法——给母亲和孩子出同样的题目，然后让他们分别去画。过去通常是母亲帮着幼儿画，这样只能助长幼儿的依赖性，有可能让其成为一个母亲不在时就什么事也不会做的软弱的幼儿。

这种根本式指导方法的特点在于，通过母亲和幼儿分别画同样的图画首先使母亲受刺激，母亲认真作画的精神也能感染幼儿，使本来对图画不感兴趣的幼儿变得劲头十足。同样地，学音乐也是如此。许多家长强迫幼儿学钢琴、电子琴、小提琴，可是有的幼儿并不感兴趣，家长常常是边打边骂，强行练琴。家长头痛，幼儿受苦，这些家长不妨试一试“一起受教育”的方法。

◆ 3. 衡量具有初步的艺术表现与创造能力标准

艺术在幼儿时期是非常重要的活动，幼儿具有强烈的自我表达欲望，艺术便成为幼儿自我表现的重要方式。幼儿同样具有强烈的创作欲望，受这种欲望的驱使，他们不停地进行着各种寻找和探索。

幼儿期是幼儿获得表现力的最佳时机。幼儿的艺术表现力是指幼儿通过认识和感受生活中的声音、色彩、符号、标记以及学习文学作品、音乐、舞蹈、美术等，运用多种方式，积极地、有个性地、创造性地表达自己所获得的情感和体验。

艺术表现力是个人的主观体验，具有很大的个体差异和年龄差异，在艺术活动中，幼儿的情感体验、联想、表现、表达是不同的，有相当大的自由度，我们要尊重幼儿的艺术表现。艺术表现无对错，幼儿所要表达的情感没有错的，至于现实中的事实则可通过幼儿在参与时来认识。父母要还给幼儿自由、自主的艺术空间，这是尊重幼儿的具体表现，它使幼儿的自尊心得到保护，使其主体性品质得以发挥和发展。

20世纪英国哲学家罗素认为："真实是重要的，梦想也是重要的。"只有幼儿的物质需要得到满足，他就会发现梦想比现实有趣得多，我们应当大胆面对儿童的想象，保持幼儿活跃的想象力，让幼儿自由地在梦想的水中游、天上飞。

幼儿艺术活动的能力是在大胆表现的过程中逐步发展起来的，父母要注意引导幼儿自由充分地予以表现和创作，激发幼儿感受美、表现美的情趣，使之体验自己表达和创造的快乐。艺术活动是幼儿获得自我满足感的最佳舞台，幼儿喜欢表现自己的作品，展示自己对周围世界的看法。艺术又给孩子带来了快乐，满足了他们的表现愿望，进一步推动了幼儿艺术表现力的发展。

幼儿的艺术创作是表达幼儿认知和情感的另一种"语言"，是幼儿心理活动的真实流露。幼儿的艺术创作就是在大量感性认识积累的基础上，通过几种心理因素的交互作用而形成的。幼儿对艺术情有独钟，具有一种与生俱来的艺术表现能力和表现欲望。

艺术作品具有主体性的特点。艺术作品作为艺术家创造性劳动的产物，必然要打上艺术家作为创作主体的鲜明烙印。在中外艺术宝库中，之所以涌现出如此众多的、千姿百态的艺术作品，正是由于它们凝聚着艺术家对生活的独到发现和深刻理解，渗透着艺术家独特的审美体验和审美情感，体现出艺术家鲜明的艺术风格和美学追求。任何优秀的艺术作品都应当是独一无二、不可重复的，具有艺术的独创性，或许这就是艺术生产的产品和物质生产的产品之间截然不同的区别之一。其原因就在于，艺术作品具有更加鲜明的主体性与创造性特点。

艺术的根本特点在于独创性，艺术美是经过艺术家头脑的意象加工而创作出来的形式美，它不是生活的原则，是在构图、色彩、造型等方面经过人们头脑重新加工组合而产生的创造之物。从这个意义上说，没有创造就没有艺术。而在幼儿的艺术探索中，无不饱含着幼儿天真的想象和创造精神。

幼儿的想象和创造力是没有止境的，幼儿的成长过程就是艺术创造的过程。日本教育家木村文一曾说："如果孩子的兴趣和热情得以顺利发展，就会成为天才。"这说明想象力就是迈向成功的翅膀，没有丰富的想象就不会有创造。

艺术是一个开放的系统，其内容丰富多彩，表现方式灵活多样。无论在艺术欣赏和艺术实践中，都有大量的艺术空间留给孩子去创造、去充实，使幼儿在艺术海洋中感受真、善、美的同时，发挥丰富的想象力，创造性地表现美，从而使我们的下一代成为美的发现者和创造者。

父母要时时培养幼儿的创造力，特别是幼儿喜欢的艺术活动，如音乐、画画、童话故事等都能很好地启发幼儿，使他们的思维活跃、想象丰富并且富有创造力。

艺术是幼儿的一种语言。在艺术的世界里，幼儿用声音和动作，用线条、形状和颜色表达与表现自己的感受和内心体验。每个孩子在生活中都是艺术家，幼儿敏感的心灵、细微的感觉、思想的火花都是最真实、最有价值、最富创新意识的。父母应善于用幼儿的眼光看待他们的世界，善待每个幼儿的想象，并给予最真诚、最热情的评价，让孩子在感受父母的爱意和期待中乐意去想象和创造，让幼儿稚嫩的想象和创造伴随他们年龄的增长不断茁壮成长。

创造力是一种最能超越一般成就的能力，但也是最容易受挫的能力。在艺术的创作中，我们不求千人一面，但要每个幼儿都能大胆、自由地表达。一件或许你看不懂的艺术作品中，可能闪现的是幼儿创作的火花和他们心中的快乐。

当孩子创作出一幅属于自己的艺术作品时，对于孩子来说，他所完成的就是一次和毕加索一样的创造活动。尽管创造的结果不同，但创造的本质是相同的，我们不期待每一个孩子都能成为毕加索，我们最期待的是每个孩子都能学会像毕加索一样创作自己的作品。

4岁儿童标准

标准内容

- 能模仿学唱短小的歌曲；
- 能用动作、姿态模拟小动物和生活情景；
- 能用色彩、线条和形状表现想象或生活中的事物；
- 和成人一起用身边的材料制作简单的玩具或装饰品。

3、4 岁的幼儿能模仿唱出歌曲的简单音节、乐句或重复部分。父母可以唱一些适合他们的音域较窄和短小的歌，唱时让幼儿一边听、一边跟着唱，还可以给幼儿准备一些音乐故事磁带，也可以自己为幼儿选择熟悉而优美的歌曲，配上小故事进行朗诵，并自制音乐故事磁带，放给幼儿听。父母要鼓励幼儿充分地进行想象和自由模仿，并给幼儿提供一个良好的模仿环境。父母还要给幼儿提供可模仿的素材，让幼儿模仿有欣赏和表演价值的歌曲和动作。在歌唱活动中，让幼儿模仿的歌曲应根据他们的需要，选择简单的童谣、简短的儿歌，歌曲内容必须是幼儿所熟悉的。当幼儿在模仿唱歌时，成人不应该打断，要鼓励他们继续进行，并不断地给予启发和帮助，纠正他们不正确的姿势。

这一时期的幼儿非常喜欢模仿各种生物的体态以及走、跑、跳、飞、游等动作，例如模仿小兔跳。在这一年龄段的每一个孩子的模仿力都是很强的，他们是天生的模仿家，教师、家长的一言一行都是他们模仿的对象。他们爱好新鲜事物，喜欢模仿成人的行为。在幼儿眼中，成人的世界充满了新奇，充满了疑惑，所以我们会时常听到小朋友唱着流行的、成人的歌曲，常常会听见小朋友模仿爸爸妈妈说过的话，如“再不好好吃饭，就不要你了”等。

卡通片中的人物行为也是孩子模仿的对象。男孩子喜欢扮演奥特曼和超人，从床上到地上“飞来飞去”，和怪兽、坏人作战；女孩子想当公主或小仙女，穿着漂亮的裙子，手拿仙女棒。然而，由于孩子的知识有限，有些模仿行为对孩子来说是很危险的，比如孩子模仿卡通片中的小动物，把雨伞当做降落伞从家里的窗户往外跳，结果导致摔伤。因此，家长一定要对孩子模仿的对象加以限制。

3、4 岁的幼儿能用线条、形状、色彩完成简单的绘画，来表现生活中观察到的事物或想象中的事物。著名教育家苏霍姆林斯基曾经说过：“儿童是用色彩、形象、声音进行思维的。”3 ~ 4 岁幼儿还未掌握一定的记忆方法，因此有意识的记忆较弱，其记忆带有很大的无意性。应该说，他们的记忆还很难服从于某一有目的的活动，而更多地服从于对象的外部特征。那些形象鲜明、具体生动、能满足幼儿个体需要的事物，容易被幼儿自然而然地记住。

3~4岁幼儿的想象能力有了一定程度的发展，但此时孩子的想象简单，是无意的、自发的，其想象主题多变而不能按一定的目的下去，容易从一个主题转到另一个主题。另外，幼儿也不能把想象的事物跟现实的事物清楚地区分开来。在幼儿的言谈中常常有虚构的部分，往往对事物的某些特征和情节加以夸大。幼儿以想象为满足，想象常常并不指向于某一预定的目的，而是以想象过程本身为满足，故而富有幻想的性质。

3、4岁的幼儿能用身边容易找到的各种材料和工具，采用折、剪、撕、拼贴、拼摆、粘接、组合等方法制作玩具、工艺品和装饰物，美化自己的生活环境。陈鹤琴先生指出："通过儿童的思想和双手布置的环境，可以使他对环境中的事物更加认识，也更加爱护。"父母在这一时期要指导幼儿自主选择身边的物品或废旧材料制作玩具、手工艺品等来美化自己的生活或开展其他活动。虽然让幼儿参与环境的创设比父母本人独立完成要花费更多的时间和精力，但就其教育效果来说，这样更能提高幼儿的兴趣和创造性，使幼儿有改变环境的成功感和责任感，也有助于对幼儿进行爱惜劳动成果的教育。

尽管幼儿对美的感受是初步的、肤浅的，但他们总是乐意尽情地表现美，渴望要把自己感到的、想到的、看到的、听到的东西通过自己的双手表现出来。根据这一特点，父母要大胆鼓励幼儿在美化环境的过程中尽情地表现。

典型案例一

笑笑今年4岁半了，有一次，幼儿园的老师让孩子们画一所房子，笑笑画得十分投入，但她没有像其他小朋友画的房子那样整齐漂亮，她画了一所看起来歪歪扭扭的房子。当笑笑把这幅画拿回家时，妈妈让她讲一讲自己画的画，笑笑带着一种满足感说："这是我设计的楼房，整座楼都是我家，我住一楼，妈妈你住二楼，爸爸住三楼。"妈妈不解地问："咱们一家为什么不住在一起啊？"笑笑回答说："这样你和爸爸就不会再吵架了，我也不用再害怕了。”

案例分析一

从这张画中，妈妈看到了笑笑的内心世界，它是孩子真实愿望和情感的表露，笑笑有着很强的想象力、创造意识和解决问题的能力。笑笑是在用绘画的方式表达自己内心的感受与需求，宣泄自己的情感，绘画使笑笑的情绪得到了宣泄，情感得到了满足。

专家指导一

生活是艺术的源泉，艺术植根于日常生活。艺术中的许多要素法则如对称、比例、节奏、音色、旋律、色彩、点、线、面等，都可以在大自然和社会生活中发现它们的原型。艺术与生活紧密连接，可以丰富幼儿的艺术体验和感受，提高幼儿的艺术感知能力，使幼儿学会用艺术的眼光观察生活，用艺术的方式表现生活、美化生活。

每个幼儿都有自我表达和表现的需要，他们不仅用语言，也常用艺术的手段，用自己的声音和动作、绘画、手工等表现和表达自己的感受和体验。另外，艺术活动还符合幼儿思维具体形象、富于想象、活泼好动的特点，使幼儿从中获得极大的快乐和满足，从而激发了幼儿自主发展的积极性。

我们常常可以发现，幼儿在艺术创作中“快乐地自己动手”，他们常常会旁若无人地、长时间地陶醉于这种充满乐趣的想象中，如幼儿常常会全神贯注地塑造手中的那块陶泥，从塑造雏形、精心雕琢到上色装饰，一步一步毫不含糊。在这里，他们可以充分表达自己的感受和体验，表现自己的个性特点及丰富的想象力与创造力，并在成功的体验中进一步激发幼儿自主发展的积极性。

近代最有名的瑞士儿童心理学家皮亚杰认为，幼儿是通过与环境中的人和事物相互作用来获得知识、形成概念的。陈鹤琴先生的“活教育”理论也指出，创设和帮助儿童注意四周的环境，可以发展儿童的各种兴趣，满足儿童的求知欲，培养儿童的观察力。

幼儿是在与环境的互动中逐步成长的，所有的艺术活动都生成于幼儿生活的环境之中，幼儿探索事物的态度也来源于环境对幼儿的激励。父母要注意加强引导，使幼儿从欣赏环境转向使用环境、美化环境和创造环境。

幼儿生活着的环境主要包括幼儿园和家庭，而在家庭中与幼儿一起“快乐地自己动手”活动时，家长应设法营造一种自由、宽松、和谐的环境。

首先，在与幼儿一起“快乐地自己动手”时，爸爸妈妈们必须改变过去“扶”得过多的教育方式，放手让幼儿自由探索、自由发挥、自由表现，让幼儿有更多的机会和充足的时间任意进行创造性的艺术活动，如与幼儿一起制作手工作品或进行绘画等活动。

其次，强调“快乐地自己动手”的过程而非结果。要注重幼儿自主能力、创造能力的发展，就不能太注重活动的结果。在幼儿“快乐地自己动手”的活动过程中，家长更多地应是承担“观察者”的角色，对幼儿的每一个创意均应表现出倾听、微笑和接纳的态度。例如在评价一幅幼儿自己动手画的作品时，家长关注更多的不应是作品画得好不好、像不像，而应看其是否有创意，家长应鼓励幼儿积极大胆、自主地表现自己的创意。

另外，家长在幼儿创造过程中，绝不能把自己的意图、想法强加给孩子，因为孩子的艺术思维很容易受到他人的暗示，他们很可能因为家长的一个提示而放弃自己正在创作的主题。

父母作为环境创设的引导者，要善于观察幼儿的举动、聆听幼儿的声音、了解幼儿的兴趣、关注幼儿的需要、捕捉有价值的信息并和幼儿一起衍生出环境创设的主题。

在这样的互动“快乐地自己动手”过程中，幼儿的自主性得到良好发展，家长也对如何更有效、科学地指导自己的孩子有了进一步的提高与认识。

幼儿是一个社会的人，他们生来就具有人的尊严和价值；幼儿有自己的特点和需要，他们有自主性、独立性，有自己独立的人格。因此，作为父母的我们必须树立正确的指导思想，充分认识到幼儿在活动中的主体地位。幼儿是发展着的、能动的个体，而不是被动的接受者，他总是以主体的身份在与外部世界相互作用的各种活动中来发展自己。显然，让幼儿在各种“快乐地自己动手”活动中，可以让幼儿的自主性得到充分的发展，帮助幼儿自由并富有个性、健康地成长。

兴趣是最好的老师，更是引发幼儿活动的内在动机之一。在音乐活动中，幼儿在听音乐自由做动作的时候，也是幼儿最快乐、最陶醉的时候；在绘画活动中，幼儿按照自己的意愿画画的时候，往往也是幼儿最投入、最开心的时候。父母要努力使艺术教育成为幼儿喜欢和感兴趣的活动，并使幼儿在活动中充分表达自己的感受和体验，表现自己的个性特点及丰富的想象力和创造力。

父母要为儿童提供艺术表现与创造活动的条件，如尽可能地为儿童提供纸、笔、颜料、剪刀、浆糊、油泥等美工材料，或沙、泥、树枝、树叶、石头、果壳、线绳、盒子以及无毒卫生的废旧物品等材料，鼓励儿童进行画画、剪贴或泥塑等活动，制作他们自己想要的东西；提供小鼓、铃铛、木鱼等小乐器或和儿童一起用竹片、木板、易拉罐等自制的乐器，鼓励儿童探索各种物体发出的声音，模仿和尝试打出各种节奏、节拍；提供干净的旧衣服、纱巾、彩带、画报、报纸、木棍等，让儿童选用适当的材料作道具来进行表演。

丰富的材料让幼儿有更多的选择空间，它所隐含的信息往往会成为幼儿创作的线索，也有利于激发幼儿的创作欲望，提高其艺术创造的效能。美国教育心理学家布鲁纳认为：“幼儿最好的刺激，乃是对所学的材料的兴趣。”幼儿对新鲜的事物具有强烈的好奇心，多样化的工具和材料能刺激幼儿的创作欲望。

在材料搜集方面，要力争突破传统模式，变“父母为主”为“家长和幼儿共同收集”，充分调动幼儿的积极性和主动性，引导幼儿根据不同的艺术创造主题，搜集与之相适应的材料。如在“糖果”主题中，家长鼓励幼儿并和幼儿一起搜集各种糖果包装纸、泡沫板、糖果盒等；在“人体雕像”主题中，让幼儿帮助搜集毛线、细铁丝、吸管、玻璃绳、麻绳等有利于塑型的材料等。幼儿的参与能大大拓展材料搜集的范围。

父母在为儿童提供艺术表现与创造活动的条件时，很重要的一点就是要贴近幼儿的生活，并且要是幼儿感兴趣的。父母都有这样的体会，当幼儿对父母安排的内容不感兴趣时，即使家长想尽办法去引导他们，结果也都是不理想的。如果家长坚持把孩子的注意力硬拉到自己确定的内容上来，只能扼杀幼儿的想象和创造意识。如果父母能满足幼儿的兴趣和需要，那么他们所得到的除了艺术兴趣的增强和技能的提高外，还能产生成就感、自信心，并促进自身想象力和创造力的发展。

典型案例二

在一次手工制作活动中，幼儿制作了各种各样的恐龙模型，其中有一个幼儿亮亮做的恐龙只有三条腿。看后，大家都问他："亮亮，你的恐龙怎么只有三条腿啊?"他自豪地回答说："我做的是三腿龙!"对此，不同的人做出了不同反应。有的认为这是孩子想象力和创造力的表现，应该保护和鼓励，提出要"为亮亮喝彩""为孩子创造想象条件""关注孩子的情感"；而有的则认为想象也需要建立在事实的基础上，不应该是胡思乱想，应该引导孩子形成正确的概念，明确提出要"适时纠正错误"。

案例分析二

这个话题的中心实际上就是“如何看待艺术创造与表现活动中的想象”。在分析此问题之前，先来看看台湾著名绘本作家几米在《森林唱游》中关于“想象力”的观点，也许对我们有所帮助。

想象力

兔子在海边浮潜、大象被蚂蚁绊倒、乌龟学会撑杆跳、小猪举起了长颈鹿，这些荒谬的画面只会出现在不负责任的图画里。但是，谁又在乎呢？听说这个也叫做想象力。——几米《森林唱游》

上面描述的“这些荒谬的画面”是否体现出了丰富的想象力呢？从几米的描述及最后的几句话中明显可以看出作者的态度，即认为“这些荒谬的画面”根本不能算是丰富想象力的表现，甚至根本不能算是想象力。

单独看“这些荒谬的画面”时，的确感觉很怪、很新，都是现实中没有的东西，但想象力是否就意味着“怪”“新”呢？显然不是。但当“这些荒谬的画面”出现在上面这段文字中，特别是和后面几句话“这些荒谬的画面，只会出现在不负责任的图画里。但是，谁又在乎呢？听说这个也叫做想象力”联系在一起时，它的“怪”“新”便不再是纯粹的“怪”“新”了，而是有了深度，具有了新的含义，即反对那种一味求“怪”、片面强调新奇而流于肤浅和庸俗的想象活动。同是“这些荒谬的画面”，为什么处在不同的情境中时会发生如此大的变化呢？根本原因在于，想象力只有处在与其他要素（如理解、情感等）的联系中时才有意义，才能获得其丰富性和深刻性，否则将会走向一味求“怪”、求“新”的误区，并最终流于肤浅和不负责任。

以这一观点来审视前面提出的“三腿龙”的问题就可以发现，如果亮亮只是为了以新奇来引起大家的注意的话，那么确实就需要“适时纠正错误”了。只不过这里所说的“错误”并非指科学错误，即他做的“三腿龙”与“恐龙有四条腿”这一事实不符，而是要纠正他这样做的动机或目的。如果他做“三腿龙”是另有目的，是为了说明什么，即此时的想象中蕴涵着理解、情感等因素，例如为了说明生态环境遭到破坏后恐龙也发生了变异或畸形，那么此时的“怪”“新”便具有了深度和新的意义。想象不能单独存在，而必须和其他各种要素如理解、情感等处在生态关系之中时，才能具有深刻性和丰富性。

专家指导二

想象力内在地渗入了丰富的情感和深刻的理智，由此不再仅仅是“怪”和“新”，而获得了丰富性和深刻性，是一种具有丰富性和深刻性的“怪”和“新”。

在艺术创造与表现过程中，父母一方面要鼓励儿童大胆想象，但同时也要注意激发儿童的理智、情感等，使儿童的想象具有一定的深度和意义。

儿童特别是年幼儿童的想象力比较丰富，理性发展处在初级阶段，相

对来说较弱。因此，儿童在艺术创造与表现过程中，往往表现出丰富的想象力，但是深度不够，缺乏一定的深刻性，显得比较单薄。这在很大程度上是由儿童的年龄特点决定的，但是应该看到儿童的理性虽然相对较弱，可毕竟已经出现。因此，在儿童进行艺术创造与表现的过程中，父母需要有意识地激发、引领与指导儿童理性与情感的共同参与，以此培养儿童在艺术创造与表现过程中综合运用想象、理性和情感的意识与初步能力。

当儿童对某事物有了充分、深刻的感知与体验后，就会有一种“充实不能自已”的感觉，随之就有一种想要进行创造与表现的强烈愿望，这最终也将会使创造与表现更加丰富和深刻。例如当儿童围绕“爱”的主题进行创造与表现时，可以通过欣赏表现“爱”的各种艺术品，如音乐作品、美术作品、舞蹈作品、诗歌、散文等，并充分调动已有的相关经验，丰富、深化他们对于“爱”的理解。这一过程实际上也就是感知与体验的过程。在此基础上，儿童就会主动要求进行创造与表现，并且创造与表现的产物也将不同程度地具有了丰富性、厚度和深度。

当前儿童艺术教育实践存在一个误区，即感知与体验的缺失或不同程度地被忽视影响了创造与表现的质量，有时甚至使创造与表现蜕变成了一种枯燥的手工制作，一种“匠人”的工作。

有了艺术感知与体验这一坚实的基础，儿童在艺术创造与表现过程中的想象也便具有了内容、深度与意义，也就实现了和理性、情感不同程度的结合与内在统一。因此，在进行艺术创造与表现过程中，我们必须强化艺术感知与体验。

评价是杠杆，起着调节与导向作用，因此在评价儿童的艺术创造与表现时，家长需要有意识地启发儿童关注自己或他人的艺术创造与表现过程，并且分析结果是否体现了以及在一定程度上体现了想象与理智、情感的内在统一。我们至少应该关注艺术创造与表现的过程与结果是否在多大程度上有理智、情感成分的参与，例如在前面的“三腿龙”问题中，当大家都问："亮亮，你的恐龙怎么只有三条腿啊?"他自豪地回答说："我做的是三腿龙!"此时，父母就可以适当介入，如可以问亮亮诸如"为什么会有三腿龙""给我讲讲三腿龙的故事好吗"等问题，帮助亮亮思考自己为什么要做"三腿龙"。通过这样的引导，亮亮可能就会逐渐意识到，艺术也是一种表达思想的手段，艺术需要内容。

亲子游戏

游戏名称：眼睛会动的小兔

游戏目的：发展幼儿的智力、培养幼儿的创造力、增进亲子之间的感情

游戏材料：卡纸、子母扣、小刀、剪刀、彩色纸、铅笔

游戏玩法：幼儿在卡纸上画好兔子的图形，父母指导幼儿兔子眼睛要画得大些，然后沿外轮廓剪下并用彩色纸装饰一下，把小兔的眼睛挖空。让幼儿在另一张纸上画好小兔的眼睛与尾巴，眼睛要对着兔子的眼眶画，然后要对着兔子的眼睛画，之后再剪下（剪成直角形）。父母在兔子的图形中间开一个小孔，把"眼睛"放在小兔后面，在小孔处拧上揿扣，拨动兔子尾巴，眼睛就会随之动起来。

游戏名称：手工娃娃

游戏目的：发展幼儿的智力、培养幼儿的创造力、增进亲子之间的感情

游戏材料：乒乓球、马克笔、毛线、纸杯、彩笔、胶水

游戏玩法：首先要加工乒乓球，它是娃娃的"头"。在乒乓球没有图案的一面上，用马克笔画上娃娃的眼睛、鼻子和嘴巴，等墨水干后，剪一些毛线贴在头发的部位。将纸杯倒扣作为娃娃的身体，可以让幼儿用彩笔在杯身上画上自己喜欢的服饰，涂上颜色，最后将做好的"头"粘到杯底

就大功告成了！还可以让幼儿给娃娃设计不同的发型（不同颜色的、有刘海的、梳小辫儿的……）、表情和服饰。

贴心提示

如何选择适合在家庭中制作的玩具

1．要求简单、清晰

烦琐的步骤会让家长望而止步，家长们虽然愿意参与到制作活动中，却因为步骤太多，因为时间、材料或者其他方面的原因没有办法完成玩具制作。家庭制作玩具就要选择一些简单的、只要两三个步骤就可以完成的玩具，如用废旧的广告纸制作金箍棒，将废旧的广告纸卷成一米左右的实心圆棒，并用胶带固定好即可；用废旧的报纸制作报纸球，将报纸团成实心球，在球的外围用透明胶带固定即可。如果家长有其他制作材料的话，可以再进行美化装饰，如用油画棒装饰图案等。

2．制作方法易于操作

幼儿园在制作玩具的时候，为了美观，常常需要多种操作材料，如剪刀、双面胶、即时贴、彩色纸等，运用到多种技能如折、剪、贴、画等。然而，并非每个家庭都拥有一套完整的制作工具，同样家长也并非都有美工制作的技能，因此在选择自制玩具的时候，应尽量选择只需要基本工具就可以完成制作的玩具，如制作毽子只需要剪刀、瓶盖、包扎绳，篮球部落只需要破脸盆、废旧报纸等。只要经过简单的折、包，再进行固定就可以完成，家长也就不必为了制作玩具而去特意学习一些手工的技能了。

3．取材来源于日常生活

日常生活中有许多废旧物品，如空纸盒、多余的毛线、色彩鲜艳的广告纸、河边的沙、树林里枯败的树枝等。这些随处可取的材料可以让家长与幼儿进行废物利用，既美化了家庭，又做了一个好玩的玩具如用落叶粘贴成一幅美丽的装饰图，既有生活气息，又节约了装饰房屋的成本，何乐而不为呢?

5岁儿童标准

标准内容

- 能用自然的声音、音量适中、基本准确地歌唱;
- 能用律动、舞蹈表现欢快、雄壮、柔美等典型情绪;
- 能运用平面或立体的形式表现想象或生活中的事物和装饰物品;
- 会用身边的材料制作简单的玩具、道具或环境装饰品。

5岁的幼儿能基本准确地表达出音乐所要表达的感情，音量适中、音调准确、吐字清晰，并伴随有简单的动作。父母可提供内容丰富的简单的音乐作品，支持、鼓励幼儿体验这些作品的基本情绪和情感，并尝试用自己喜欢的方式（如语言、绘画、动作表演等）表达对音乐的感受。

律动（有规律的动作）是幼儿随着音乐的节拍进行动作的一种歌舞形式。它以音乐为基础、以模仿为标志、以舞蹈为手段，通过艺术特殊的美感作用，使幼儿加深对音乐形象的理解，提高幼儿对自然事物的艺术表现能力，给幼儿以艺术美的享受。5岁幼儿已能初步理解舞蹈是一种情绪情感艺术，能表现出欢快、雄壮、柔美等典型的情绪。

每一位作家在创作音乐作品时，就把自己的情感、审美态度渗透到作品当中了。在音乐活动中，家长要引导幼儿产生情感的共鸣。有的是欢快活泼的音乐，幼儿能从中感受到愉快的情绪，而有的是雄壮有力的音乐，幼儿能从中感受到坚强热烈的情绪。

此年龄段的幼儿情绪表现手段多样，而且他们对情绪的理解已经比较全面，不仅对高兴等积极情绪具有较好的认知，对吃惊、伤心等消极情绪的认知也比5岁以下的幼儿有了根本性的、质的跨越。

这个年龄段幼儿的情感有逐步丰富和深化的趋势，从简单的喜、怒、哀、乐到激发幼儿的道德感，体现更高级的情感体验。幼儿的情感发展与其生活经验的多少有直接关系。他们乐于欣赏感情色彩复杂，但却贴近幼儿生活的作品。幼儿的情感获得大部分来源于生活，也可以在不同情感的音乐作品中获得。

此阶段的幼儿对音乐十分感兴趣，听着音乐就能自由地舞蹈，处于自编、自导、自演、自赏阶段。他们在众人面前能大胆、自然、愉快地自我表现，在舞蹈中也能恰当地运用情感。

5 岁的幼儿开始有目的地关注生活、自然和艺术作品，在探索中获得愉悦，激发其创作和表现美的欲望，能用平面、半立体或立体的造型表现想象或生活中的事物和装饰物品。

幼儿从最开始的平面涂鸦到立体的装饰绘画，再到糅杂各种美术形式的立体造型，这个年龄段的孩子逐步进入到一个兴趣盎然、创意无限的艺术世界当中。

环境育人是现代幼儿教育的一大特点，正如著名瑞士心理学家皮亚杰所言："儿童认知发展是在与周围环境的相互作用中积极主动地建构的。"家居环境是相当重要的，父母可以在墙面及天花板上装饰各式各样的平面画、半立体作品以及全立体作品，给孩子以艺术的熏陶。

5 岁的幼儿开始自主选择材料、工具，有目的地制作简单的玩具、道具或环境装饰品，来表达他们的创作欲望。他们乐于在手工制作活动中探索不同工具与材料的多种用法。心理学研究表明："人有一种先天性的行为趋避倾向——趋向积极的情感体验而回避消极的情感体验，幼儿尤其如此。对于能带给他们快感并让他们获得成功体验的活动，幼儿总是乐此不疲，并能表现出不凡的创造性。"这个阶段的幼儿由于年龄小，很容易被具体形象的材料所吸引，从而全身心地投入到活动当中。

自主性游戏是这个年龄段的幼儿最喜欢的游戏活动。在这种游戏中，幼儿能按照自己的意愿选择游戏材料，按照自己的方式与游戏材料发生作用，并在这一过程中获得知识、能力、情感的发展。适宜的游戏材料能激发幼儿参与游戏的愿望，能引发新的游戏情节。在对游戏材料的直接感知和具体操作过程中，能发展幼儿的实际操作能力和创造能力。

典型案例

在一次幼儿园中班写生活动的下午，家长在来接孩子的同时也欣赏了他们的作品。很多大人纷纷夸奖自己的孩子，可是君君的奶奶却指着他的画问他："君君，你看别人画了好多迎春花，多漂亮！你怎么才画了这么几朵啊！"君君认真地说："对呀，我画的那儿就开了这么几朵啊！""那你怎么不多画几朵，那不是更漂亮吗？""可是，我画的那儿就开了这么几朵呀！"君君急得眉头都皱了，生怕奶奶听不懂她的意思。君君使劲拉着奶奶走到花坛旁边，理直气壮地指着迎春花的一个枝条说："我画的就是这儿，你看上面的花就这么几朵，我也只能画这几朵。"奶奶这才明白了其中的原因。

案例分析

幼儿对事物具有一定的直觉敏锐性，他们主要凭借直觉进行感知，对局部的物象观察得比较仔细，能够描述某些细节。因为 5 岁幼儿以具体形象的思维为主，而对观察的事物进行直接的描述。

老师和奶奶接纳并尊重君君的“写实”表现手法，使君君独特的表现方式得到了理解和支持，自信心得到了保护。这会使她敢于并乐于用绘画的方式表达自己的所见、所思、所想。

专家指导

科学的本质是求真，艺术的本质在于创造。科学的答案只有一种，而美的标准却有很多。父母如果能接纳孩子的差异，赞赏幼儿的独特性和创造性，就能使幼儿真正领略到艺术的真谛。

美感是个人的主观体验，具有很大的个体差异，然而，在艺术教育中有很多老师和家长过分注重结果，用一把尺子去衡量所有的幼儿，结果压抑了很多幼儿的想象力和创造力，甚至一些幼儿因此受到打击，以致失去自信心和对艺术活动的兴趣。

在艺术活动中，幼儿的情感体验、联想、表达都是不同的，有着相当大的自由度。例如听到同一首音乐，不同的幼儿会有不同的感受，他们会按照自己的理解随音乐进行想象，并且有创造性地进行表现。这种差异与幼儿在艺术活动中的体验和主观感受有关。父母要接受幼儿的差异性、独特性和创造性，使幼儿在艺术活动中体验到成功和乐趣。

舞蹈的表现主要是通过表情和手脚的动作来完成的，好的表情是内心体验在孩子脸上的自然流露。动作是内心感受的外部表现，是辅助形式，所以父母要帮幼儿理解音乐情绪，在游戏中引导幼儿体验不同性质的音乐，请他们把自己的真实感受画出来、讲出来、用动作表演出来。家长要向幼儿提供用多种通道感知的机会，丰富幼儿内心的感受，让他们体会安静、优美、热烈、雄壮、急促、缓慢的不同，引导幼儿插上想象的翅膀，在音乐的世界中翱翔。幼儿在艺术美的感染下，整个音乐心理发展过程都会具有联想、想象的心理活动。当幼儿对音乐有了自己的理解，就能帮幼儿更好地把握音乐，把动作与音乐有创作性地融合在一起，抒发幼儿内心对于音乐的情绪情感。

父母要给幼儿创设宽松的环境，充足的时间和空间能满足幼儿好动的特点，能使幼儿快乐地、有创造性地进入一天的生活。充分的材料、宽阔的场地、自由选择的机会，让幼儿拿着扇子、筷子、彩带、小喇叭，戴着头饰，兴致勃勃地表演，这就为幼儿自由创编开阔了思路。以舞蹈为切入点，在与各领域的相互渗透、有机融合当中，幼儿学会了画正面人，学会了安排动作的顺序，学会了合作与交流，初步理解了重心的问题……幼儿的经验多了，体验多了，动作多了，在整体性的教育原则的基础上，幼儿表现起来才会得心应手。

每个幼儿都是画家，都是天才的演员。如果我们能允许幼儿按照自己的方式进行表达，他们就会无拘无束地发挥自己的想象，表达自己的所见所感。

父母有时会忽略幼儿的观察、思维和想象，造成孩子对生活中的美无动于衷。

西班牙伟大的画家毕加索说过：“我从15岁起就掌握了绘画的全部技巧，而学习用儿童的眼睛画世界却花了一辈子。”可见，培养幼儿的观察力是至关重要的。幼儿的观察带有很大的盲目性，父母就要引导幼儿有目的地进行观察。如果没有观察，孩子只能照葫芦画瓢，所以说观察力的培养对开发幼儿的创造力来说是至关重要的。

父母要从培养幼儿的想象能力、求异思维能力、发散思维能力着手，丰富幼儿的想象力。幼儿把绘画当做一种游戏、一种语言，孩子们往往借助画来表达自己的想法，他们通常会把自己看到的事物或想象的事物通过绘画表达出来。儿童的天性是爱美和寻找快乐，在艺术的天地中，孩子们会尽情地去愉悦、畅游，孩子离不开艺术，而艺术更应该由孩子自己去创造。

幼儿有着丰富的想象力、创造力，父母要充分认识并加以利用，从儿童的角度去欣赏，不追求完美，而要赞赏幼儿点点滴滴的创造。每个幼儿都是一个独立的个体，他们的审美情趣、审美能力、作画技能、创新能力等都是不同的。父母应该承认幼儿的个体差异，因势利导地加以引导，如有的小朋友想象力比较丰富，作画大胆，构思新颖，但有急于求成的小缺点，他的作品粗看比较零乱，色彩单调，细品方知其中的新奇之处，对于这样的孩子，父母一方面要肯定他的独创性，另一方面则要用商讨的口吻，鼓励他认真选色、涂色，丰富画面的色彩。有的小朋友喜欢临摹画本，线条流畅、色彩鲜艳是他们的画作特点，对于这样的孩子，父母在让幼儿有良好的作画技能的同时，要着重引导她联系生活经验，拓宽思路，向幼儿提出一些启发性的问题，如“呀，这么漂亮的房子里，住着谁呢?”“这些小朋友为什么这么快乐？他们在干什么?”……慢慢地幼儿的思路开阔了，胆子也大了，画出的人物形象逼真、富有童趣，正如陈鹤琴先生所说的“积极的暗示胜于消极的命令”。对一些缺乏自信心的幼儿，父母更要不断地加以鼓励、赞赏，使他们充满信心，大胆进行绘画。

自信心是儿童发展的推动力，评价的科学合理可以促进和提高幼儿的学习积极性。现代心理学认为，幼儿只有在民主平等的教育氛围中，才能自由地进行思考和探究，提出问题，发表意见，才能有新的发现和创新。父母要本着素质教育的精神和“以幼儿发展为本”的思想，把评价核心放在建议性的指导的基础上，放在鼓励幼儿的创新思想和动手能力等多方面的能力上。家长对幼儿在活动中的表现应以鼓励、表扬等积极的评价为主，采用激励性的评语，尽量从正面加以引导。父母鼓励、表扬、赞赏的评价语言对幼儿具有神奇的激励作用，不仅能激发幼儿积极主动地参与艺术学习、投入艺术学习，而且能让幼儿在不断受到鼓励的情感体验中树立其参与艺术学习的信心。因此，父母要善于发现幼儿在艺术学习过程中的闪光点，给予适当的夸奖。

由于每个幼儿的知识经验不同，爱好和关注的事物也不同，因此他们在看待同样的事物时，感受也是不同的。父母要尊重孩子对艺术活动的兴趣，尊重孩子的感受和体验，支持和鼓励他们按照自己的认识和理解去无拘无束地表达和宣泄自己的情感。这样他们将来就会以良好的心情去欣赏和创造生活中美好的东西，他们的生活就会更丰富，生活质量就会得到提高。

亲子游戏

游戏名称：舞出新花样

游戏目的：培养孩子的聆听习惯、节奏感和乐感，让孩子感受到音乐给人带来的欢乐，调动起孩子喜欢音乐的情绪；培养孩子肢体和思维的灵活机动性

游戏材料：录音机、各种音乐，如迪斯科舞曲、国标舞曲、儿歌歌曲、交响乐、流行音乐等

游戏玩法：用磁带录下各种类型的音乐，并让音乐持续不断地播放，家长可以打开音乐和孩子一起站在房间的中央，随着音乐起舞，鼓励宝宝和你一起跳，并跟着音乐变换舞步。

指导建议：在玩这个游戏的时候，不妨邀请家里别的亲戚或是孩子的小朋友一起来玩。人越多，气氛越好，孩子的兴趣和创造力也会越高。

游戏名称：拍拍手，跳跳舞

游戏目的：学习跟着音乐节奏一起拍手跳舞

游戏材料：节奏感很强的音乐、录音机

游戏过程：家长和幼儿一起站立，练习热身。一侧平举，二前平举，三侧平举，四还原（立正），二二三四同上；一双手叉腰，跺脚，二跺脚，三蹦跳一下，四蹦跳一下，二二三四同上。在拍手儿歌这一环节，幼儿先看父母表演拍手儿歌。

拍，拍，拍拍手，我们一起来拍手。

跺，跺，跺跺脚，我们一起跺跺脚。

拉拉拉拉拉拉。（拍手）

家长与幼儿对手拍，跺脚各自进行。

贴心提示

培养孩子学舞蹈

舞蹈既能强身健体，又能培养孩子的气质，而且因为舞蹈经常要进行角色扮演和各种情感表达，因此它是一种特别适合小朋友们的“游戏”。

5岁左右幼儿的活动能力和身体协调能力都已经有了一定的发展，身体的柔韧性非常好，节奏感稍微差一点，需要学习和强化。但总体而言，此时幼儿已经具备了学习舞蹈的基本能力，可以循序渐进地开始培养他的舞蹈能力：

1. 培养孩子对舞蹈的兴趣

经常让幼儿通过电视观看或者到现场观看少儿文艺节目、歌舞表演等，让孩子用感官直接感受舞蹈的美，引起孩子对舞蹈的注意和兴趣。成人在发现自己的孩子喜欢“手舞足蹈”时，要积极地加以引导。

2. 培养孩子对音乐的兴趣

音乐和舞蹈是孪生姐妹，理解了音乐才能更好地表现舞蹈。因此，父母要经常让孩子欣赏音乐，感受和体会音乐节奏，并根据音乐的节奏变化，用舞蹈的动作语汇来反映音乐的各种形象。例如孩子听到高音区音乐，能模仿蝴蝶飞、小鸟飞；听到低音区的音乐，能模仿大象走、熊走。

3. 发挥孩子的创造力

和孩子一起听儿歌，引导孩子自己做一些动作来配合音乐和歌词，例如表演小猪就用鼻子拱一拱，表演鸭子就半蹲着用外八字走两步等。一开始孩子不知道怎么表演，父母要先做示范，慢慢孩子就会发挥他惊人的想象力，创作出很多舞蹈动作。

4. 让孩子表演舞蹈

孩子学习舞蹈以后，让孩子按照自己的兴致经常给父母甚至是邻居亲戚表演，表演后一定要称赞孩子，让他对跳舞树立信心和兴趣。同时通过经常性的练习，孩子的身体协调能力、动作和节奏的配合度也会进步。

6岁儿童标准

标准内容

- 有较好的音准和节奏感，能唱出个人的情绪情感；
- 能根据一定的主题、情节自主地进行表演；
- 能自主地创作各种主题或题材的作品，并有整体感；
- 灵活选用身边的材料制作玩具、道具或布置环境、美化生活。

音准是借助于听觉对音的高低进行精确分化的过程，节奏感是对音的长短、强弱和速度的反应。在教育的影响下，5~6岁的幼儿艺术表现能力达到了较好的水平，音乐的节奏感、速度感、力度感、结构感都明显增强，有较好的音准和节奏，他们能把握好对歌曲情感的感受、体验、表达等三个环节，在演唱活动中能表现出个人的情绪情感。

随着5~6岁幼儿心理发展水平的提高，他们能根据作品主题、情节加以想象，创造性地进行表演。这个时期的儿童特别热衷于表演游戏，而且能自己编创有趣的动作进行辅助表演。

5~6岁幼儿的角色意识还是比较强的，他们在表演中都乐于戴上头饰，自发地表演自己最喜爱的角色。在表演过程中，体现了幼儿对歌曲的理解，使他们感受了音乐，而幼儿在感受、理解的同时也充分发挥了自己的想象。通过创造性的表演，幼儿的情感得到了升华，与此同时，幼儿创造的积极性也被充分调动起来了。

此年龄段的儿童对艺术创作活动更感兴趣，乐意进行音乐编创和用各种工具、材料进行美术创作，喜欢自制玩具。

典型案例

娜娜今年6岁零2个月，妈妈最近发现娜娜的嗓音异常，说话声音很沙哑，便带她到医院检查。原来，她的女儿从小喜欢唱歌，家长便鼓励她从电视和CD里学唱成人歌曲，以培养其音乐兴趣，结果毁了孩子的嗓子。

案例分析

现在成人的流行音乐大肆盛行，孩子们听着、学着、唱着，家人若不加以分辨和限制，就很可能出现5、6岁的孩子唱成人歌曲的情况。其实，幼儿学唱成人歌曲对他们的生理和心理方面都会有影响。由于学龄前儿童的咽部、声道的肌肉尚未发育成熟，音域相对较窄，因此应该选择适合这个年龄段的孩子演唱的歌曲，因为儿童歌曲、童谣音域一般是在小三度之内，符合这个年龄孩子的生理特征，最适合儿童学唱。而成人歌曲音域宽，音高起伏大，为了达到歌曲所要求的音调，必定要加强咽部和声道的肌肉收缩，结果加重了肌肉和神经组织的损伤，这样很容易损害幼儿的嗓音。

一般而言，幼儿从2岁开始就喜欢模仿唱歌。6岁以前的幼儿对音乐只是一种直觉的刺激，他是不会加以分辨的，听到什么学什么，若不加以引导，就可能在不知不觉中损害了孩子的嗓音。

幼儿的嗓音处于童声发育期，声带娇嫩，因此教会幼儿用轻声唱法、不大声喊叫也是很重要的。英国著名的儿童歌唱发声权威哈蒂曾经在他的著作中反复强调："一般儿童在他们未受到相当好的训练之前，绝不允许他们大声歌唱，否则美的音质就会消失。"然而孩子们尚小，光靠讲解听不懂，父母要自己进行示范演唱。在唱的过程中，父母还要要求孩子不要大声唱，这样幼儿的歌声就会清晰、自然。

其实，音乐对孩子是很有好处的，但一定要有所选择。比如在睡醒后、饭后，可以给孩子听听舒缓的音乐，特别是一些经典的名曲，还具有稳定情绪的作用。一般来说，1岁以内的孩子听音乐每次不应超过20分钟，1~3岁的孩子每次不超过30分钟，3~6岁的孩子每次不超过40分钟。音乐的更换也不宜过频，一般可以2~4个月更换一次。孩子在欣赏音乐的同时，家人还可以鼓励孩子大胆想象，将所听到、所感受到的用语言表达出来，以加强幼儿的语言表达能力和感受能力。

专家指导

德国音乐理论家舒巴尔特指出：“人声是自然的原音，而自然的所有其他声音，只是这个原音的遥远的回声。人的喉咙是创作的第一个最纯洁的、最卓越的乐器。”歌唱可以使幼儿全身心地投入，可以培养他们的乐感和美感，可以丰富他们的音乐表现力，可以保持他们对音乐终生的热忱。

唱歌在幼儿音乐教育活动中占的比例最大，也是最容易普及的形式。歌曲中有词有曲，词曲共同塑造了一个个艺术形象，借以表达人们的思想情感，可是要使幼儿理解并抒发情感并不像成人那样简单。幼儿年龄小，思维较为直观，因此要常为幼儿创设相应的情景，以利于幼儿情感的形成和强化。

陶行知先生曾说：“创造力最能发挥的条件是民主。为幼儿们创设一种宽松、自由、民主的气氛，让他们能够自由思索，大胆想象，主动给予实践，才能萌发最大多数幼儿的创造力，并使最大多数幼儿的创造力发挥到最高峰。”

音乐是幼儿欢乐的源泉，孩子能把它转化为自己的创造力。父母要善于发现幼儿的创造性因素，对于幼儿一点一滴的创造性活动都要给予充分的肯定并及时抓住时机引导他们发展下去，这样才能充分发展幼儿的创造力。

音乐活动本身就是一种创造性的活动形式。父母只要为幼儿提供充足的游戏时间，选择适合幼儿的音乐材料与活动，让幼儿情不自禁地投入到音乐的角色中，在音乐的熏陶下随心所欲、无拘无束地欣赏音乐、理解音乐、编创歌曲和动作，这样在充分满足幼儿好奇心与兴趣需要的同时，就能促进幼儿积极性、能动性、创造性的发展。孩子在演唱歌曲的时候，经常会搞不清串了词，这时候可以通过启发幼儿编创动作来帮助他们记忆歌词。

有些音乐的旋律带有明显的感染力，孩子往往在欣赏的过程中就能被音乐的气氛感染，并粗浅地理解到音乐所表现的内容。例如《狮子王进行曲》的音乐，在节奏、音高、结构和乐句的安排上，都表现出明显的艺术形象，如趾高气扬的狮子王、整齐有序的乐队、活泼可爱的小兔子等。父母可以让幼儿在倾听熟悉的音乐的基础上，利用明显可感知的艺术形象，让幼儿编创一个完整的故事。

有的音乐情节带有明显的感染力，幼儿往往被音乐的情节所吸引，并且在情节创造中创造性地表现内容，例如在音乐游戏“小兔乖乖”中，由幼儿扮演大灰狼、小兔子及兔妈妈。在音乐情节及环境气氛的渲染下，幼儿被歌曲中大灰狼凶狠的样子及小兔子沉着地与大灰狼斗智斗勇的情节所吸引，就能随着音乐的变化自由编创出各种动作表情，使幼儿的创造力得以充分地发挥。

著名教育家苏霍姆林斯基曾指出，音乐和游戏一样是儿童的童年所不可缺少的。幼儿的年龄特点决定了他们的想象是无边无际的，思绪是来去无踪的，很多时候他们不满意故事的结尾，父母可以运用续编和创编的方法，激发幼儿对想象的兴趣，让其积极互动地进入想象空间。现实中，父母要尽可能多地提供给幼儿想象的空间，让孩子们尽情享受想象的快乐，从而激发他们的奇思妙想，挖掘他们的创造力。

让孩子从一开始就把学习唱歌当做一种好玩的游戏，慢慢地再把他们从游戏的状态中引导到正确的轨道中，这是对所有儿童进行艺术教育的必经之路。最明智的艺术教育是重视儿童的心理特点，让孩子在玩中学、在游戏中学。父母要注意保护幼儿的好奇心，培养儿童幽默的轻松感，这样会在无形中给孩子带来意想不到的学习效果。

对幼儿实施音乐教育的目标，不在于培养音乐家、演奏家、歌唱家，也不在于对幼儿进行音乐技巧的训练及知识的灌输，而是以音乐为手段，培养幼儿心灵的美感、对音乐的兴趣和欣赏能力，陶冶幼儿的情感，激发其智力和创造性，以发挥音乐活动在幼儿身心两方面的特殊功能，这才是我们开展音乐教育的初衷。

对于6岁的孩子来说，要有完美的构图、丰富的画面是很难达到的，但年龄越小的孩子越具有丰富的想象力。他们把天空画成了绿色，那是因为地上的小草映到了天上；他们会把太阳画成黄色，那是因为孩子觉得黄色的太阳更加温和、温暖。总之，他们比大人更会发现美、更能体现美，然而当我们长大后，却忘了这种美。

如何引导幼儿自主地创造这种美呢？美国著名儿童心理学家艾里克森指出：促进幼儿自主性和主动性的发展，是早期教育的基本任务。自主性绘画是指引导幼儿按照自己的意愿，运用自己所选择的绘画方式主动表现自我、不断创新的绘画活动。对幼儿本身来说，它是自主性的活动，即不受家长的强制性干预，享受思想和操作的自由。就绘画活动来说，允许幼儿运用儿童画特有的画法，自由自在地施展自己的绘画能力，主动地、大胆地表达自己的情感、理解和想象。

儿童画是艺术、是创造，而创造的前提是想象。没有想象就不会有图画的创作，儿童图画多数都体现着孩子们天真烂漫的想象力。孩子画中的想象总是给人一种温馨、和谐、欢快、新奇的感觉，令人从内心发出赞叹。当然，儿童画的想象特点并不是孩子们自觉地表现出来的，更不是有意识地进行夸张描绘的，那是儿童的心灵活动在儿童画中的自然流露。

在美术活动中，父母要注意有效地引导幼儿自主地绘画并要有创新意识。在幼儿一天的生活中，父母要注意引导幼儿运用各种感官去了解周围的一切，如在每天的散步中引导幼儿观察本小区中的建筑物、风景树、花卉、环境设计等。父母可以用照相机拍摄各种景物，对幼儿感兴趣的各种镜头进行定格，引导他们发现、欣赏美，培养他们的生活情趣，初步提高其审美修养。在引导幼儿绘画时，要尽量让幼儿运用各种感官感知大自然的色彩及所画物品的形态。因为想象是对过去直接感知过的事物形象经过加工改造而形成的新形象，不管想象是如何的新奇，它并非凭空产生，构造新表象的材料永远来自对现实生活的感知。

在6岁幼儿的美术活动中，要尽量采用与多种领域活动相结合的方式，可以将绘画与音乐、散文、故事、诗歌相结合，调动幼儿的听觉，根据所听到的引起幼儿的联想和想象，启动幼儿自主创画的翅膀。

幼儿喜欢听故事，把故事与绘画相结合最恰当不过了。例如故事《小蝌蚪找妈妈》，听完故事后让幼儿大胆创画故事中的情节及角色，那么自然而然地孩子们的绘画表现就会更加的积极投入，所表现的内容丰富有趣并且富有创意。又如利用学习诗歌来引导幼儿作画，结合着让幼儿创画。孩子们的想象非常丰富，他们从蓝天到大海、从活动室外的树到花园里的花朵，每一个孩子都会沉浸在想象和创作之中，充分地体验着自主创画的快乐。

再如父母可经常让幼儿欣赏一些名曲，培养他们的审美情趣，并要求他们把所听、所感画下来。在欣赏时，可以让幼儿随着音乐进行想象和联想，并且进行表演。当让幼儿作画时，他们的所思所想就能千姿百态地跃然于画纸上了。

美术是幼儿最重要的自我表达方式，通过美术活动幼儿能自由表达自己的情绪、情感及思想。因此，父母要为幼儿自主性绘画和美术创作提供充分的机会与创设条件，让幼儿根据自己的兴趣及水平来表现、交流和分享。

父母要给幼儿自由选择表现形式的机会，允许幼儿自由选择表现形式，如绘画可选择写生或想象画或印画，手工可选择泥工或剪贴；给幼儿自由表现画面主题内容的机会，允许幼儿进行个人创作，幼儿在活动中的自由度大了，学习的积极性也提高了；给幼儿自由选择美术材料的机会，如为幼儿提供彩色水笔、毛笔、棉签、广告颜料、橡皮泥、各种色纸、卡纸等材料，允许幼儿根据自己的喜好选择，调动幼儿的学习积极性。

艺术有它的不随意性，也有它的随意性，只要有艺术的效果，就不必拘泥于它的工具、材料及形式。父母要挖掘各种材料，为幼儿提供创造的广阔空间。父母应积极为幼儿创造动手操作的机会，尽可能地开展多种手工操作活动，如指点画、纸团印画、印章画、吸管吹画，还有树叶粘贴、泥工塑造等。父母要让幼儿自由选择自己感兴趣的材料进行操作、创作，如在纸上拼贴布条、布块。当孩子们海阔天空地进行想象时，父母要持肯定的态度，积极鼓励每个幼儿参与到活动中来，从而激发每个幼儿的想象欲望，让他们从单一到复杂，不断进行创新。

事实证明，幼儿在玩废旧物品时，总是非常的投入，他们的创作空间也变得非常广阔。父母也可以利用各种环境布置，让幼儿在布置环境的过程中充分发挥自己的想象，创造性地表达自己的意愿和想法。这些活动是幼儿百玩不厌且极富创造性的，幼儿不在乎自己所创造的东西有多么形象、多么逼真，他们只在乎这些能表达自己的想法。

父母要鼓励儿童自己用收集到的东西加工成装饰品、制作物品，并利用它们来布置自己的生活环境。例如儿童把自己收集到的彩色纸剪成窗花，或把画报、海报中自己喜欢的形象剪下来作装饰。总之，要鼓励儿童用自己喜欢的或自己制作的装饰品布置教室和家里的环境。

总之，艺术活动是一项具有创造性的活动。幼儿艺术活动可以通过开展创造性活动来激发幼儿自主地进行学习、创作，用自己的创造表现他们对事物的认识与情感，发展幼儿思维的灵活性、变通性，培养他们探索发现的积极性，挖掘幼儿的创造潜能和自主创新的能力，为培养其独立的、健全的人格打下基础。

亲子游戏

游戏名称："狼来了"的故事表演

游戏目的：强化孩子对故事的理解、记忆和想象

游戏过程：放羊娃大喊："狼来了，狼来了，快救命呀！"大人赶快出现，手中拎着"木棍"，叫着："在哪里？在哪里？"放羊娃哈哈大笑："你上当了！"大人不满地说："怎么可以骗人呢？"说完，走开了。过了一会儿，放羊娃又叫起来："狼来了，狼来了，快来救我！"大人又急急忙忙赶到："在哪里？在哪里？"放羊娃又哈哈大笑："你又上当了！"大人非常不满地说："你是个说谎的孩子！我再也不相信你的话了。"然后，又走开了。这时一只大灰狼真的来了，放羊娃害怕极了，大声地喊叫："狼来了，狼来了！"可是没有一个人来帮他。不一会儿，他的小羊都被狼咬死了，放羊娃伤心地哭着。

表演结束后，问问孩子放羊娃骗人的行为对不对，为什么后来狼真的来了的时候，没有人帮他？要教育孩子说谎骗人是不好的行为。

指导建议：表演的情节不必拘泥，鼓励孩子多发挥想象，最好大人和孩子一起编故事，边编边演。

游戏名称：《老爷爷的萝卜》的故事表演

游戏目的：培养孩子的想象力和表演能力

游戏准备：可以用来扮演稻草人的物品如一顶草帽、一件大人衣服、一把椅子等，萝卜玩具十个（也可以让孩子自己画一些）。

游戏方法：家长给孩子介绍故事线索，如老爷爷的菜地种了十个萝卜，小白兔太想吃它了，趁老爷爷不在，吃了一个萝卜。老爷爷想了个办法，在稻草人的帮助下捉住了小白兔，并教育它以后想要别人的东西时一定要得到别人的同意。之后，家长鼓励孩子大胆想象，和孩子一起根据故事线索丰富故事内容（包括角色的语言、对话、动作、心理活动等）。最后根据编的故事内容，孩子和家人一起商量、配角色，准备场地、道具，从中锻炼孩子的动手能力和解决问题的能力。

贴心提示

多做角色扮演游戏，提升孩子的想象力

著名幼儿教育家陈鹤琴先生曾经说过，孩子的知识是从经验中获得的，而孩子的生活本身就是游戏。角色扮演的游戏绝非简单的儿戏，它是孩子认识成人世界的一面镜子。

角色扮演游戏能让孩子学习“换位思考”，这对孩子的想象力、观察力、思维能力和解决问题能力的培养都是大有好处的。在游戏中，孩子能在与周围人和事物的比较中逐渐认识自我，幼儿手中的洋娃娃往往就是她自己，而她自己所扮演的就是妈妈的角色了。儿童做游戏时喜爱扮演各种角色，它含有浓厚的戏剧性。孩子扮演的角色并不拘泥于一个人，有时在一个游戏中甚至可以不断出演多种角色。

对于孩子来说，事实与想象并没有太大的区别，角色扮演能进一步激发孩子的想象力，对孩子的右脑发展很有好处。模拟对话不仅能加深与妈妈的情感交流，还可刺激孩子左脑的语言中枢。孩子的想象力如果能通过语言自然表达，将极大促进孩子的左右脑开发。正因为如此，角色游戏才可以激发孩子的想象力。孩子通过模拟各种角色，会逐渐表现出所扮演角色的行为模式。如果他们经常扮演比自己年龄大的哥哥、姐姐、爸爸、妈妈等角色，自然就会有更成熟的思想和言行了。这就是角色游戏蕴涵的教育功能。

进行角色扮演时，家长的指导非常重要。家长要鼓励并指导儿童运用正确的语言动作来扮演故事中的角色。儿童一般都喜爱童话故事中的小动物，当儿童理解童话故事的内容、熟悉人物和具备了复述故事中的对话能力后，给儿童戴上一个头饰或拿一件相应的小玩具作道具，儿童的表演热情就会十分的高涨。通过扮演角色，可以使儿童进一步丰富他们的想象力，而通过背诵全部对话，又进一步锻炼了他们的记忆力。

在表演过程中，家长要注意朗诵或说台词时每个字的读音准确，如多音字、多义字、形近字、形象字等，而且吐字要清晰，引导儿童逐渐地理解作品内容，并用思想情感表达出来。家长要教给他们正确的站立姿势，用洪亮的声音与自然的态度来表演人物，尤其是表情动作、手势眼神要配合巧妙。与此同时还要让儿童注意喜、怒、哀、乐、惊恐、悲伤等不同感情的变化。

家长要参与到儿童的表演中去，使故事变得生动有趣。这样做不仅可以培养儿童的表演能力，还会使家庭充满了欢乐。

在进行角色扮演时，家长要提醒孩子保持注意力集中，如何认真做事，如何展开想象，这些问题都要通过练习来解决。同时，家长还要让儿童尽量多地去观察周围的生活，模仿他最亲近的人的各种动作，从而提高他们的想象力及创造力。